周易卜筮研究

[加拿大] 冯公夏 ◎ 著述　王亭之 ◎ 补订

斗数玄空系列·易学

复旦大学出版社

目　录

前言（王亭之） …………………………………………… 001

上　篇

六十四卦卜筮研究（冯公夏 著述、王亭之 补订） ………… 003
  一、《易经》作者及基本概念 ……………………………… 003
  二、卜法 …………………………………………………… 006
  三、解卦法则 ……………………………………………… 007
  四、筮仪 …………………………………………………… 008
  五、《周易》简易卜筮法 …………………………………… 009
  六、六十四卦 ……………………………………………… 010
　　1. 乾 ䷀ …………………………………………………… 010
　　2. 坤 ䷁ …………………………………………………… 011
　　3. 屯 ䷂ …………………………………………………… 013
　　4. 蒙 ䷃ …………………………………………………… 015
　　5. 需 ䷄ …………………………………………………… 016
　　6. 讼 ䷅ …………………………………………………… 017
　　7. 师 ䷆ …………………………………………………… 018
　　8. 比 ䷇ …………………………………………………… 020
　　9. 小畜 ䷈ ………………………………………………… 021

10. 履 ·· 023
11. 泰 ·· 024
12. 否 ·· 026
13. 同人 ·· 028
14. 大有 ·· 029
15. 谦 ·· 031
16. 豫 ·· 032
17. 随 ·· 034
18. 蛊 ·· 035
19. 临 ·· 037
20. 观 ·· 039
21. 噬嗑 ·· 041
22. 贲 ·· 042
23. 剥 ·· 044
24. 复 ·· 045
25. 无妄 ·· 046
26. 大畜 ·· 048
27. 颐 ·· 050
28. 大过 ·· 051
29. 坎 ·· 053
30. 离 ·· 054
31. 咸 ·· 056
32. 恒 ·· 057
33. 遁 ·· 059

34. 大壮 ䷡	061
35. 晋 ䷢	062
36. 明夷 ䷣	063
37. 家人 ䷤	065
38. 睽 ䷥	067
39. 蹇 ䷦	068
40. 解 ䷧	069
41. 损 ䷨	071
42. 益 ䷩	072
43. 夬 ䷪	074
44. 姤 ䷫	076
45. 萃 ䷬	077
46. 升 ䷭	079
47. 困 ䷮	080
48. 井 ䷯	082
49. 革 ䷰	084
50. 鼎 ䷱	085
51. 震 ䷲	087
52. 艮 ䷳	089
53. 渐 ䷴	090
54. 归妹 ䷵	092
55. 丰 ䷶	093
56. 旅 ䷷	095
57. 巽 ䷸	096

58. 兑 ䷹	098
59. 涣 ䷺	099
60. 节 ䷻	100
61. 中孚 ䷼	101
62. 小过 ䷽	102
63. 既济 ䷾	104
64. 未济 ䷿	105

下 篇

一、《左传》筮事十三则研究（王亭之 著述） …… 109
  1. 陈厉公筮公子完出生（庄公二十二年） …… 109
  2. 毕万筮仕于晋（闵公元年） …… 110
  3. 鲁恒公筮成季将生（闵公二年） …… 111
  4. 秦穆公筮伐晋（僖公十五年） …… 112
  5. 晋献公筮嫁伯姬于秦（僖公十五年） …… 114
  6. 晋文公筮迎周襄王（僖公二十五年） …… 115
  7. 晋厉公筮战（成公十六年） …… 116
  8. 穆姜筮迁东宫（襄公九年） …… 117
  9. 崔杼筮娶棠姜（襄公二十五年） …… 118
  10. 叔孙庄叔筮穆子出生（昭公五年） …… 121
  11. 孔成子筮立卫君（昭公七年） …… 123
  12. 南蒯筮叛（昭公十二年） …… 125
  13. 晋赵鞅卜筮救郑（哀公九年） …… 126

二、冯氏占验六例（冯公夏 著） …… 129

三、周易变占法研究（王亭之 著） …… 133
  1. 赘说 …… 133

2. 《朱子启蒙》之变占法 ………………………………… 134
3. 宜变之爻 ………………………………………………… 136
4. 河洛与天地数 …………………………………………… 137
5. 《火珠林》之世爻 ……………………………………… 140
6. "之八"与"皆八" ……………………………………… 143
7. 变占法例 ………………………………………………… 144

附录:悼念冯公夏老师(李润生) ………………………… 150

前　言

王亭之

《周易》一书于古代原为卜筮之用，儒家则据此书发挥中庸思想，所以有十篇文字解释《周易》，称为"十翼"，这样，便将有点迷信成分的阴阳家筮法，予以更张，变成依《周易》象数来发挥儒家的哲学，同时亦可将此哲学思想用来解释卦爻辞，那便是以《周易》的象数为核心，说明卦爻辞如何依象数而表达。这样一来，《周易》便脱离了阴阳家的占筮，提高成为由筮辞发展哲理，并由哲理来推断事理。

阴阳家的占筮法，后来由《火珠林》一书总结，现在许多筮者，特别是职业的占筮者，还依据《火珠林》的成法，即使是学者做占筮，亦很难脱离阴阳家的影响，以此之故，便与古代的占筮法脱离。《春秋左氏传》中有春秋时代（公元前770—前403年）的占筮十三则，由这些占例，即可知其占验实与儒家易筮之法相同，与阴阳家的筮法关系甚少。

鉴于这种情形，笔者便跟冯公夏先生商议，其实可以写一本依据儒家象数易理来解释筮辞的书，冯公其时已入高龄，但他还有兴趣著作此书。但直至他于九十八岁辞世时，此书尚欠九卦未完成，所以他于病危时，便嘱人将此书稿交给笔者，命笔者修订并补成。笔者受命，于是将原稿偶有误植者，正之；解卦爻辞而尚有歧义者，按之；原缺《旅》卦以下卦爻辞解，补之。同时补入《杂卦传》对各卦性情的定说。如是即成《六十四卦卜筮研究》一书，现在笔者将之列为上篇，并将拙作《〈左传〉筮事十三则研究》、冯公《冯氏占验六例》及拙文《周易变占法研究》列为下篇，令读者了知古代的占筮法。

为什么一定要了解古代的占筮法呢？因为自古以来，占筮即与哲理结合，占筮者依筮得的卦爻，便了解须依什么事理来解决问题，所以才有"善易者不占"的说法，因为真正精通《周易》哲理的人，无须占卜即可依理而处事。

《六十四卦卜筮研究》一书，表面上看起来只是解释卦辞、爻辞，其实于解释时已结合象数哲理，其所以不将象数哲理明说，只是为了简单明了，因为说得太复杂，初学《周易》者反而可能茫无所知。

至于拙作《〈左传〉筮事十三则研究》，则对象数与哲理稍有解说，目的亦只是为引导初学者，能离卦爻辞的文字，深入一层来研究卜筮。

拙文《周易变占法研究》一篇，是对卜筮变占法的研究。所谓变占，便是当占得一卦时，有两爻以上的变动，到底应该用哪一爻的爻辞来占验呢？古人对此未有明说，后来才有宋代朱熹等人的说法，近代人的代表者是高亨教授，但据笔者研究，此种种变占的说法都有无可补救的缺憾，因此便提出一个符合古代占例的变爻推断法。这篇文章在《易学》杂志发表时，颇曾引起重视。在拙著《周易象数例解》一书出版时，此文曾作附录，如今引入本书，虽然重复，但亦有实际需要，古人出书亦有一文两收之例。

学《易》者必须理解象数，因为全部卦爻辞都依象数。近代学者潘雨廷教授著《周易虞氏易象释》一书，由其弟子张文江教授整理出版，读此书便可知道，卦爻辞实依象数而成，读者可以参考。同时，我亦不自惭来推荐拙著《周易象数例解》一书，倘如读者想深入研究《周易》，拙著可以作为入门，潘书则可作为例证。

上 篇

六十四卦卜筮研究

冯公夏 著述、王亭之 补订

一、《易经》作者及基本概念

1. 作者

伏羲,又名庖牺,始创画八卦,叠之为六十四卦。

2. 基本概念

(1) 太极

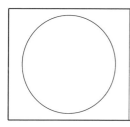

未有天地万物之前,是一片空白,伏羲名之为太极。

(2) 阴阳

太极动,生产一种阳气;动极而静,生产一种阴气。阴阳二气,为天地万物之根。

(3) 阳爻、阴爻

▬▬▬▬▬	阳气的符号名为阳爻。
▬▬　▬▬	阴气的符号名为阴爻。

(4) 八卦、六十四卦

伏羲又把宇宙分为三大类，名为三才，即天、人、地。以一爻代表天；一爻代表人；一爻代表地。故此以三爻为一卦，共得八个卦。

八卦及其主要所属见表一。

表一　八卦及其主要所属

卦名	卦符	物理所属	人伦所属
乾	☰	天日光	父（雄性）
坤	☷	地月暗	母（雌性）
坎	☵	水	中男
离	☲	火	中女
震	☳	雷	长男
艮	☶	山	少男
巽	☴	风	长女
兑	☱	泽	少女

将八卦重叠之成为六十四卦（见表二），由三爻变为六爻。

表二 六十四卦

下卦＼上卦		乾 天 ☰	震 雷 ☳	坎 水 ☵	艮 山 ☶	坤 地 ☷	巽 风 ☴	离 火 ☲	兑 泽 ☱
乾	天 ☰	乾	大壮	需	大畜	泰	小畜	大有	夬
震	雷 ☳	无妄	震	屯	颐	复	益	噬嗑	随
坎	水 ☵	讼	解	坎	蒙	师	涣	未济	困
艮	山 ☶	遯	小过	蹇	艮	谦	渐	旅	咸
坤	地 ☷	否	豫	比	剥	坤	观	晋	萃
巽	风 ☴	姤	恒	井	蛊	升	巽	鼎	大过
离	火 ☲	同人	丰	既济	贲	明夷	家人	离	革
兑	泽 ☱	履	归妹	节	损	临	中孚	睽	兑

八卦重合而成六十四卦。此六十四卦每卦六爻，共三百八十四爻。占者依占卜的法则，据卦辞或爻辞寻绎其含义（卦象、爻象及其表义），便可知吉凶。

(5) 卦爻辞与《十翼》

周文王作《卦辞》，又名《彖辞》，解释全卦之义。

周公旦（文王之子）作《爻辞》，解释每一爻之义。

孔子作《十翼》，解释及引申《易经》的深意。

《十翼》如下：

1.《彖传》，解释文王之卦辞，凡在《易经》之"彖曰"之辞，皆孔子所作。

2.《大象传》,孔子解释全卦之卦象。

3.《小象传》,孔子解释每爻之象,即解释周公之爻辞。

4.《文言》,孔子引申乾坤二卦之奥义。

5.《系辞传上》,孔子解释整套易学之奥义,训示吾人应如何修养,以配合天地阴阳变化之机,因而可得趋吉避凶之效,亦即能知如何处事为吉,如何处事为凶。

6.《系辞传下》,意义同上。

7.《说卦传》,说明八卦在物理与人事上之所属。

8.《序卦传上》,说明《易经》上经三十卦之次序及理由。

9.《序卦传下》,说明《易经》下经三十四卦之次序及理由。

10.《杂卦传》,解释六十四卦各卦的性情。

《易经》大意,探讨宇宙、阴阳消长与变化之理,是为天道,吾人之行为与思想,应顺乎天道,与天地法则调和,自然吉祥快乐。

如果与天地之法则相违,自然有殃矣。

故此孔子说:"假我数年,五十以学《易》,可以无大过矣。"(《论语·述而》)

又曰:"至诚之道,可以前知。"(《礼记·中庸》)所谓前知,即是由卦象及筮辞所显之事理,即可知未来如何变动。又曰:"数往者顺,知来者逆,是故《易》逆数也。"(《周易·说卦传》)那便是说,易的功能是由事理而知来。

二、卜 法

古法用蓍草或竹枝五十支,法颇复杂,需时较多。

西汉京房发明用铜钱三枚,掷钱六次以得六爻,较为简捷,后学多用此法。铜钱以满文一面为阳,"通宝"一面为阴。

今时可用骰子代替铜钱,一、三、五点为阳,二、四、六点为阴。占筮时亦掷骰子六次以得六爻。

掷钱或掷骰子,皆有单、拆、重、交四种记号,单记为一点(、),拆记为平列两点(、、),重记为一圈(〇),交记为一叉(×)。

由投骰子可以记数,阳数为3、阴数为2,三枚骰子只有四种情况。

1. 掷得两枚是阴(骰子的偶数点),一枚是阳(骰子的奇数点),即记为单(、)。其总数便是7(两阴2+2=4,一阳是3,所以总数便是4+3=7),称为少阳。

2. 掷得两枚是阳,一枚是阴,即记为拆(、、)。其总数便是8(两阳3+3=6,一阴是2,所以总数便是6+2=8),称为少阴。

3. 三枚都是阳,即记为重(〇)。三个阳爻,其总数便是9,称为老阳。

4. 三枚都是阴,即记为交(×)。三个阴爻,其总数便是6,称为老阴。

老阳、老阴爻主变动,少阳、少阴爻则不变动。

三、解 卦 法 则

1. 如占得之卦有6或9,即看《易经》该动爻之爻辞,以判吉凶。

2. 如占得之卦均是7与8之数,并无6与9,即系无动爻,如此便要看该卦之卦辞,以判吉凶。

3. 如占得之卦有一个以上之动爻,即系所占之事,有其发展之程序,最下之动爻为该事发展之初期情形,稍上之动爻,为该事之中期情形,最上之动爻,为该事之结果。

4. 如占得之卦,有五个动爻(即五个6、9),而该五个动爻之爻辞太多矛盾,难以决断之时,可看其不动之爻(即7或8)以判吉凶。此法我未经验过,尚要研究,方知合否。(王亭之按:冯公此说依朱熹,应不合,可参阅拙文《周易变占法研究》。)

5. 动爻,6和9为动爻,是讲事情变动的过程,初爻是一个情形,第二个爻又是一个情形,最后那一个爻是最重要的,最后的动爻就是讲这件事的吉或凶。占卦以这个方式来解,无论有多少个动爻,下面那个爻就是那件事情进化的初期,中部的动爻就是中期变动的事情,最后那个爻就决定事情的吉或凶,用这方法来解卦,百无一失。

四、筮　　仪

以上既明白如何占法,则应知占卦之仪。宋代人传有仪式,今节录如下。

1. 先将疑难问题写好,每一事占一卦,因为一卦不能解答两种不同的问题。

2. 焚香静坐,思量至能杂念不生时,始作祈请。

3. 古人占筮有祈请,以宋人方式,祈请词如下:

敬请
伏羲先师
文王先师　　　　一齐降临,指示机宜。
周公先师
孔子先师

4. 古人于祈请后,有禀告词,禀告词如下:

假尔泰筮有常,假尔泰筮有常,
弟子(某某)诚心卜筮,今因某事,未知可否,爰质所疑,尚明告之。

5. 如系代友人占卜,则禀告如下:

　　假尔泰筮有常,假尔泰筮有常,

　　弟子(某某)诚心卜筮,今有朋友(某某)诚心叩问,彼因某事,未知可否,爰质所疑,尚明告之。

6. 禀告完毕,即将钱(骰)在香的烟上三旋熏之,然后放在两掌之中,予以摇动,心中仍悬念所求问之事,及摇至停,即双掌虚按钱(骰),熏香,然后抛落已铺布之台上,依所得之数记为单、拆、重、交,共为若干,写在纸上,抛六次即由下至上而得六爻,成为一卦。详细请参上文。

7. 如情况紧急,或旅行不便,则只需诚心即可。

五、《周易》简易卜筮法

现在沿用的《易经》,叫"周易",为周朝文王及其子周公旦共同创造,距今约三千年,因此《易经》可说是中国最古老的经籍。

《周易》原文本为占筮而用,非常简洁,全部《周易》包含八八六十四卦,每一个卦有六个爻,每卦皆有卦辞及六个爻辞,卜筮者排好卦后(记上六爻的单、拆、重、交后),便要根据《周易》的卦辞及爻辞,来判断所问事情的吉或凶(好或坏)。因此,对卦辞与爻辞一定要非常清楚,了解其意思,小心研究。如此便可以准确地判断卦象的吉凶,不致弄错。卦、爻辞依卦象、爻象而建立,包含哲理与道德修养,所以于解辞时,不能死板地依据文字,还须依哲理来推断,此如筮辞得"元亨",那便是"本然亨通"之意,那就不应该颠倒"本然"而做,如是,做利人利己王道之事则可(本然如是),做损人利己霸道之事则不可,所以,不能因为有"亨"字便以为是吉利。

六、六十四卦

1. 乾 ䷀

乾为天。阳健,刚直。

《杂卦传》:乾刚,正大。

乾:元亨利贞。

> 乾:元亨利贞。这是文王的卦辞,解释乾卦的意思。元:本然,引申为大、长、首。亨:顺利、亨通。利:利益。贞:正道,坚守,坚固。得此卦者,是主所遇者为大事,须依正道而行,如是行事,即能顺利而得利益。且于行事时,必须拿定主意,因为"乾刚"。如问发展事业,纯属推广则可,例如开分店,垄断则不可。

初九:潜龙,勿用。

> 潜龙:龙潜藏海底无甚机会活动。勿用:无用,不要进行。
> 如想扩充生意,开分店,得此爻则应暂时不要进行(勿用),但开分店的主意则不可放弃。(乾刚,《杂卦传》说一卦的性情,所以统摄六爻皆有乾刚之义,余卦亦皆如例。)

九二:见龙在田,利见大人。

> 见龙在田:现在龙不在海底而在田上活动。利见大人:如果去请有力的人来帮助,对你一定有利。即使他不答应,坚请即可。(这亦因为是乾刚。)

九三:君子终日乾乾,夕惕若,厉,无咎。

> 君子终日乾乾:问卦的人要时时小心。夕惕若:晚上小心警惕。厉:现在所处的环境有危险。无咎:如果能日夜小心警惕,就不会有错。是即要时时小心,不能因看似不错而疏忽。(这便亦是乾刚。)

九四:或跃在渊,无咎。

> 或跃在渊:象征龙在深渊,有时会跳上来。无咎:即使有少许活

动,亦不会有什么过错。是即俟机而作。因为拿定主意(乾刚),就会看到机会。

九五:飞龙在天,利见大人。

飞龙在天:象征龙飞天上,活动很大。利见大人:可得人帮助,对你一定有利。

所以在乾卦所有爻之中,九五是最好的。是即由乾刚而致成功。

上九:亢龙,有悔。

象征这是亢龙,这龙办事做过头,刚愎自用,不听别人忠告,将来必定有悔恨的地方,要小心警惕。(乾刚亦不宜过刚。)

用九:见群龙无首,吉。

"用"爻只乾卦及坤卦才有。见群龙无首,象征一群龙无一个首领,是好的。为何无一个首领是好呢?即是大家互相尊重,无任何独裁者,如此一来,办事一定有利,所以是吉。(乾刚亦不宜独裁。)

孔夫子对乾卦和坤卦非常重视,为其各写有一篇《文言》,其文字非常优美,包含的意思非常丰富。

2. 坤 ☷

坤为地。阴柔,和顺。

《杂卦传》:坤柔,柔顺。

坤:元亨,利牝马之贞,君子有攸往,先迷后得主,利,西南得朋,东北丧朋,安贞吉。

坤:元亨,利牝马之贞。这是文王卦辞。元亨:本然亨通,是故不可胡乱变动。利牝马之贞:如骑上雌马去某个地方,有利,因为雌马性情较温驯,易控制(坤柔)。君子有攸往:问卦的人有计划要实施。先迷后得:先迷失后来返回正确。利:对主持的人有利。西南得朋:如向西南行,会得朋友帮助。"朋"也可解为钱财,古义

011

如此。东北丧朋:如向东北行,就无朋友帮助,或者失财。安贞吉:安于正道而行则吉。(坤柔。)

初六:履霜,坚冰至。

履霜:走到地上有霜的地方。坚冰至:可以想到水很快会结冰。

占得此爻,要小心,因为现在已经有冷的现象,坚冰将至,要小心,前面可能会有危险的事情。见微知著。(坤柔,所以不宜处事不变,必须因应情势而改变主意。)

六二:直、方、大,不习,无不利。

直:忠直。方:处事方正。大:依本然而作。不习,无不利:即使不熟识亦无不利。

(王按:柔而处事,即使没有经验亦无不利,这便是一边做一边学的意思,但却必须直、方、大。)

六三:含章,可贞,或从王事,无成,有终。

含章:是一个有学问的人。可贞:可以做事做得很正当。或从王事:或者做政府的事,顺从一个已定的系统做事。无成:不能成功。另可解作没有太大的成绩,但也有结果。有终:亦可得到好结果,可以含有文彩。

(王按:坤柔,是故不必要求成之在我。)

六四:括囊,无咎,无誉。

括囊:扎紧麻包袋口。无咎:无大碍。无誉:亦无人赞美你好。象征不要胡乱说话,便不会有错,亦无人赞你好。

占到此卦,即表示要慎言、谨慎做事。(括囊即是坤柔。)

六五:黄裳,元吉。

黄裳:黄色的裙。周朝时,以黄色的裙为最尊贵、吉祥的衣服。

占得此爻,所以是元吉,因本来就吉,这件事对你是大大吉祥。

(王按:坤柔,由柔而得本然应有的吉祥,所以此卦不利斗争。)

上六:龙战于野,其血玄黄。

龙战于野:两龙在郊野打斗。其血玄黄:其所流的血,于泥中是青黑色及黄色的。

占得此爻,即双方有争斗,而双方都有损失。

(王按:不柔即有失。)

用六:利永贞。

利永贞:利于永恒正当忠直处事。

(王按:柔则不会玩弄心机,取巧处事。)

3. 屯 ䷂

水雷屯。困难,阻滞。

《杂卦传》:屯,见而不失其居。(处事时出现变动,但其基础依旧。)

屯:元亨利贞,勿用有攸往,利建侯。

(王按:精力所限,下面各爻不再用卦的性情来分别注出,读者可参考上面乾坤二卦各爻类推。)

屯(zhūn),元亨利贞:本来就亨通,利于依正道而行事。勿用有攸往:所以不要有所改变。利建侯:如为天子则要建立小国来保护自己。对普通人来说,即利于建立家庭或事业。屯,上坎卦,下震卦,上为雨,下为雷。有雷有雨的环境颇为危险,虽然有伟大美德,有利,但不要往外去,要建立自己的家园。屯,亦解作艰难。例如乾卦,可解作原始万物由它而产生;坤,解作顺从。屯,有困难,雷雨时有困难,所以不利外出,利在建设自己的家园。

初九:盘桓,利居贞,利建侯。

盘桓:问卦人心情不定,徘徊打转,不知如何进退是好。利居贞:此时你应该居于正道就有利。利建侯:同时利于建立你的诸侯,即建立你的帮手和建立你的家园。利居贞,亦有另一解释,假如你问这间屋是否好住,得到此爻是利,答案是得到这间屋是有利的,可以买,可以住。

六二:屯如邅如,乘马班如,匪寇婚媾,女子贞不字,十年乃字。

屯如邅(zhān)如:聚在一起徘徊、打转。乘马班如:骑马到此,亦是不进不退而在打转。匪寇婚媾:他们到此,并不是贼人而是谈婚事。女子贞不字:但是那女子坚决不嫁。十年乃字:谓十年后才嫁。

这一爻,假如所问的事情不是关于婚姻,亦可以解释。如问跟某人合股做生意如何,得此爻,指问卦人的合作方不是贼,但对方坚决不答应,即谈不成功。

《易经》里如有答非所问的话,亦可以解得通。

六三:即鹿无虞,惟入于林中,君子几,不如舍,往吝。

即鹿无虞:想去猎鹿,但找不到带路的人。虞:带路去打猎的人。惟入于林中:唯有自己入树林里面。君子几,不如舍,往吝:君子如知机的,便应放弃打鹿的念头;如勉强去的话,必定有困难。

以前,我曾为一女子占得此卦,她非常留恋一个男子,问我好不好继续与他恋爱,我得到此爻,我说不好。"君子几,不如舍。"你如果见机的话,不如舍弃。但那女子不听,结果,被男子骗去金钱后复遭抛弃。

六四:乘马班如,求婚媾,往吉,无不利。

骑马到对方的地方徘徊打转而想求婚,这样必定得到好处,吉利。无不利:不会有不利的情形。

这个爻是好的。

九五:屯其膏,小贞吉,大贞凶。

屯(tún)其膏:问卦的人积聚其财富,不愿施舍给其他人。小贞吉:小事情,则吉,因为小事情不需要其他人帮助。大贞凶:如果这样自私,遇大事则凶,因大事一定要找人帮忙。

如果平常不愿施舍给别人,不愿好好待人的话,就无人帮忙,很难办好大事。

上六:乘马班如,泣血涟如。

乘马班如:骑着马在徘徊、打转。泣血涟如:哭泣而流出的泪水,有如血一样。

这一爻不好,你所问的事一定是不好的。

4. 蒙 ䷃

山水蒙。事情暗昧而有生机。

《杂卦传》:蒙,杂而着。(事虽杂乱,能令其有着落。)

蒙:亨。匪我求童蒙,童蒙求我,初筮告,再三渎,渎则不告。利贞。

  蒙:愚昧,幼稚。亨:通顺,有美德。匪我求童蒙:"匪"即"非",不是我求这幼稚、愚昧的人来占卦,而是这个年幼愚昧的人来求我帮他占筮。初筮告:初次占到的结果已经告诉他。再三渎:但他不相信而求我为他复筮,甚至第三次占筮,这样即是亵渎,因对我最初所占的卦无信心。渎则不告:既然此人无信心,亵渎我,所以我就不再为此人占卦了。利贞:若占得此卦,如果问事情就是有利的。

初六:发蒙,利用刑人,用说桎梏,以往吝。

  发蒙:启发一个因愚昧而至犯法的人。利用刑人:这样便要利用刑法去惩罚他,但不能永远囚禁他。用说(tuō)桎梏:桎,脚镣;梏,手铐。坐监之后,要解除刑具放他出来。以往吝:如果不放他出来,继续囚禁他,就很难启发他的愚昧,令他觉悟。

九二:包蒙,吉。纳妇,吉。子克家。

  包蒙,吉:包即包容,包容一个蒙昧的人是好的。纳妇,吉:为儿子娶妻是好的。子克家:儿子便能成家立室。

  此爻似乎指儿子较愚昧,做父亲的要包容他,并为他娶妻,让他的妻子可以帮助他做事,如此他的儿子才能成家立室。

六三:勿用取女,见金夫,不有躬。无攸利。

  勿用取女:不要娶这女子为妻。见金夫:因为这女子贪财。不有躬:遇到有钱的人便不会爱惜自己的身体。无攸利:所以是没有利的。

六四：困蒙，吝。

　　困蒙：已经是愚昧不聪明的人，更处于困难环境之下。吝：非常艰难。环境不好，困着这蒙昧的人，如此就更加困难。

六五：童蒙，吉。

　　童蒙：象征一个愚昧无知的童子，但是有大人爱护教导，故此是吉。

　　筮得此爻是好的。

上九：击蒙，不利为寇，利御寇。

　　击蒙：打击愚昧的人。不利为寇：但不要太过分，不要当贼一样攻击他。利御寇：只当作自卫而打击就好了。

5. 需

水天需。酝酿，停留。

《杂卦传》：需，不进也。（停而不进。）

需：有孚，光亨，贞吉，利涉大川。

　　需：意义为等待，或停留在一个地方等待，时机未成熟，所以要等待，或已等待很久了。甲骨文"需"字，像人遇雨而待雨停的情景。有孚：这个人有信实。光亨：有光明，亨通。贞吉：非常之好。利涉大川：利于越洋去往其他地方。

　　如果占得此卦，照这卦辞来解释，就对于你所问的事，是非常好的。

初九：需于郊，利用恒，无咎。

　　需于郊：在郊野停留。郊野暗示着四通八达、易于来往。利用恒：利用这郊野可以停留久些。恒，恒久，有利于耐心等待。无咎：就不会有错，或有利。

九二：需于沙，小有言，终吉。

　　需于沙：在有沙石的地方停留等待，表示处于不稳定情况下。小有言：可能有些人会来责备你，或稍有怨责之言。终吉：但结果也是好的。

九三:需于泥,致寇至。

　　需于泥:在泥泞的地方、污糟的地方停留等待。致寇至:这样可能招致盗贼来伤害你,事情发展至危险、危急的地步。

六四:需于血,出自穴。

　　需于血:在有血腥的地方停留等待,可能有打斗且有血腥,有受伤之意。出自穴:穴可解为狭窄的地方。幸好你能够从洞穴、狭窄的地方走出来,即可以从危险的地方走出来,平安。

九五:需于酒食,贞吉。

　　需于酒食:在有酒有食物的地方停留等待。贞吉:是非常之好的。如果占得此爻,问任何事都是好的。

上六:入于穴,有不速之客三人来,敬之,终吉。

　　入于穴:进入一个山洞居住,表明事情发展到危险之点。及至发觉自己已困于山洞内,心情一定很焦虑,在这危急的时候,还有三个人或三件事会出乎你意料之外;不要和他对抗,要礼让他,因水为险,所以坎卦上爻之位为最凶险和艰难。有不速之客三人来:突然间有三个未被邀请的客人进来探访你。敬之:如果你能够礼貌地或礼敬地对待他们。终吉:结果得到好处。

6. 讼

天水讼。争讼,不和。

《杂卦传》:讼,不亲也。(不亲和,有纠纷。)

讼:有孚,窒惕,中吉,终凶,利见大人,不利涉大川。

　　讼:争讼,打官司或诉讼。有孚:打官司要有信心。窒惕:有恐惧心,有警惕心。中吉:事情在中段时是吉利的。终凶:但结果是凶的。因为打官司不论赢或输,都是要损失,所以结果都是凶。利见大人:见上级的人对你有利。不利涉大川:不利渡海去其他地方。

初六:不永所事,小有言,终吉。

不永所事:未做完打官司或诉讼的事就停下来。小有言:可能有些人开口怨责你。终吉:但结果是好的。

九二:不克讼,归而逋,其邑人三百户,无眚。

不克讼:打不赢官司或诉讼。归而逋(bū):返家后逃跑,远走高飞。其邑人三百户:其所管理的邑有三百个家庭。无眚(shěng):免去灾难。

可能此人向其邑三百个家庭收税,而互相诉讼、打官司,结果输了官司而要远走高飞,所以,这三百个家庭便免去灾难。

六三:食旧德,贞厉,终吉,或从王事,无成。

食旧德:享受往日做下的美德及福荫。贞厉:现在身处危险环境。终吉:但结果是好的。或从王事:或者去从事君王所安排的或政府的事务。无成:但没有成功。亦可解作不邀功。

九四:不克讼,复即命渝,安贞吉。

不克讼:打不赢官司。复即命渝:回头就会知应改变。安贞吉:如果问这个做法是否平安,是吉,是好的。

九五:讼,元吉。

讼:这场官司。元吉:大吉。

如果你因打官司占卦,占到这个九五,这场官司,你一定赢,大吉。

上九:或锡之鞶带,终朝三褫之。

或锡(cì)之鞶(pán)带:因为你打官司,上级觉得你打官司有功,而赏赐皮腰带给你。终朝三褫(chǐ)之:褫即剥夺,即不到一日便三次要取回。初时以为你打这场官司有功,赏赐皮腰带给你,但后来认为赢了这场官司也没什么意义,所以要收回。皮腰带为古时大夫以上阶层的服饰。

7. 师 ䷆

地水师。军队,象征纪律。

《杂卦传》：师忧。（忧不是忧愁，是谋虑之意。）

师：贞，丈人吉，无咎。

    师：军队，出兵。贞：这次出兵是正当的、合理的。丈人吉：任用年老持重、有经验的人带兵打仗，吉，是好的。无咎：就不会有错失。

初六：师出以律，否臧，凶。

    师出以律：凡军队必须要有纪律、法律。否（pǐ）臧：如果不遵守纪律，不好。凶：如果不遵守纪律就一定打输这场战事。在古书中，"否"即是"不"，"臧"即是好。

九二：在师中，吉，无咎，王三锡命。

    在师中，吉：这将军在军队中是好的。无咎：不会有错失。王三锡命：君王三次下令奖赐这位大将。

六三：师或舆尸，凶。

    师：这支军队。舆尸：用车载阵亡将士的尸体回来。凶：打输了这场战事，故凶。

六四：师左次，无咎。

    师左次：军队向左边退兵。形势不好，要退兵。无咎：这样做就不会有错失。

六五：田有禽，利执言，无咎，长子帅师，弟子舆尸，贞凶。

    田有禽：军队有空闲时间去打猎而捕得禽兽。利执言：利于执行上级的嘱咐。无咎：这样做就不会有错。长子帅师：大儿子带兵去打仗。弟子舆尸：而小儿子打输，用车载尸体回来。贞凶：非常差。凶象。

上六：大君有命，开国承家，小人勿用。

    大君有命：君王有命令。开国承家：命令封他的地方给功臣开一个国承受家邑，即天子命令诸侯开国承家。小人勿用：如果是那些平庸没有才德的人，是不能任用他开国承家的。

    此爻即谓仁君有命令，封赏地方给功臣，让他开辟一个统治区，管理很多家人民。小人勿用，如果是无才能的人则不会获如此任用的。

8. 比 ䷇

水地比。和洽,能得助力。

《杂卦传》:比乐。(比即是和好。)

比:吉,原筮,元永贞,无咎,不宁方来,后夫,凶。

> 比:亲近一个人、辅助一个人,大臣亲近、辅助君王或者亲近、辅助朋友都可谓之比。吉:这个卦是好的。原筮,元永贞,无咎。何以筮得比卦是吉呢?因为比本然就永恒坚固。
>
> 但另有考据家说,"元"后面应有一个"亨"字方为正确:"原筮,元亨,永贞,无咎",这样才能解释得通顺。他们就解作:原先已经占卜的筮是好的,亨通,永远是正当及坚固的,是无错的。此处即谓已经占得一支卦,现在再问,后得的那支卦说,你原先所占的卦已经是好的,本来就通亨,永远是正当的、是好的。不宁方来:那些不安宁的人都来探望你,如果以君王来说,即那些不顺服的邦国都来朝见。后夫,凶:最后来的人就有麻烦。例如传说大禹召集诸侯开会,房风氏过期仍未到,最后才姗姗迟来,大禹认为他不对,将他杀死。

初六:有孚,比之,无咎,有孚盈缶,终来有它,吉。

> 有孚:对那人有信心,对自己也有信心。比之:去亲近、辅助他。无咎:就不会有错。有孚盈缶(fǒu):有满盘的宝物。终来有它:据考据家说,"来"字或应为"未"字。结果未有其他意外之事。所以是吉。

六二:比之自内,贞吉。

> 比之自内:在内部来辅助、亲近这个人。贞吉:是非常好的。
>
> 即是说大臣在朝内辅助人君,或朋友在内去辅助一个朋友,是好的。

六三:比之匪人。

比之匪人:你所亲近、辅助的人不是一个贤人、一个有道德之人。如果你问辅助这个人好不好呢,占得此爻就表示不好。

六四:外比之,贞吉。

外比之:在外来辅助一个人,就非常之好。即大臣在朝外辅助人君,或大将出征在外辅助人君,或朋友在外辅助一个人。贞吉:是好的。

九五:显比,王用三驱,失前禽,邑人不诫,吉。

显比:"显"即显明、显出,即大臣显明地去亲近、辅助皇帝。王用三驱:这国君好打猎,用三匹马去打猎。失前禽:但猎不到前面的禽兽。邑人不诫:没有责备当地人。吉:所以这卦是好的。

上六:比之无首,凶。

比之无首:辅助或亲近一个不好的首领,所以凶。凶:就是不好的。高亨则解释为大臣辅助一个不好的人君就被杀头,所以叫无首。解温和些,"无首"可以解为一个没有做首领资格的人,而你去辅助他、亲近他,就是不好的。

(王按:"比之无首"亦可解作成群结党而无首领。)

9. 小畜

风天小畜。积蓄微薄,力量未厚。

《杂卦传》:小畜,寡也。(积累不多。)

小畜:亨,密云不雨,自我西郊。

小畜(xù):小小积蓄。亨:亨通,是好的。密云不雨:天上的云密密排列,但没有下雨。自我西郊:在我西边的郊野那一方向。小畜此卦,是好的,亨通。

表示在我西边郊野天上多云,但没有下雨,即暗示你所问的事在酝酿之中,未成事实。

曾有一次,我自己一个人要到北美探亲,占问旅途是否安全,得到此卦,后来天气十分和煦,不太热,虽然天空小有云翳,但有阳光从云后穿过。

初九：复自道，何其咎？吉。

复自道：复，返回，返回自己的道路，返回自己的正路。何其咎：这样又怎会有错呢？

占到此爻，是好的。

九二：牵复，吉。

牵：被人牵着。复：回家。被人牵引着返回自己的家，虽然是被动的，还是好的。

九三：舆说辐，夫妻反目。

说(tuō)：脱落。辐：缚着轮与车身的绳。舆说辐：连接车轮和车身的绳脱落了。夫妻反目：夫妻不和。即谓两人不能合作，互相脱离。

这一爻是不好的。

六四：有孚，血去惕出，无咎。

有孚：有信心，有信实的心。血去惕出，无咎：心中的忧患已经除去而又十分警惕、小心地出外行走，如此便不会有错。

占到此爻表示心中有忧患，不过，对解决这事情要有信心，将心中的忧患排除出去，同时出外远行时保持警惕，就不会有错。

九五：有孚，挛如，富以其邻。

有孚：要有信实的心。挛(luán)如：这人有一连串持续信实的心。富以其邻：用自己的财物帮助他的邻居。

此爻相当好，有持续信实而其财物又用以帮助邻居，有布施的精神。

（王按："富以其邻"亦可解为因邻人、邻国而致富。）

上九：既雨既处，尚德载，妇贞厉，月几望，君子征凶。

既雨既处：刚刚下雨，现在已经停下来。亦可解作所处环境原来有麻烦，但现在已经没有了。尚德载：如此就要多积些阴德、道德。妇贞厉：女士即使言行很正当，亦会有危险，要小心防备。月几望:每一个月十五之后。君子征凶:男子如果出行、做事或打仗,会很凶险,因此要避开这个时间。

此爻谓环境有麻烦,有逆境,但现在麻烦已经停止了。做人要多积阴德来克服麻烦的环境。女士即使言行很正当,也会有危险,要小心;男子在每月十五之后外出办事或打仗,会很凶险。

10. 履 ䷉

天泽履。走动,实行。

《杂卦传》:履,不处也。(如走路,不停于一处。)

履虎尾,不咥人,亨。

> 履:行路、鞋。履虎尾:行路时踩到老虎的尾巴。不咥(dié)人:咥,咬。但老虎不咬这个人。亨:亨通。
>
> 《易经》中所讲的老虎即指那些强暴的人,你去接触那些强暴的人,很容易被他伤害,但这爻是好的,很幸运,他没有伤害你,所以亨通,是好的。

初九:素履,往,无咎。

> 素履,往:素,白色。穿着白色的鞋去某个地方。无咎:无错。即指穿着朴素白色的鞋履去办事或见人,就不会有错。
>
> 古代社会,平民穿素履,故此爻亦指利于平民。

九二:履道坦坦,幽人贞吉。

> 履道坦坦:你所走的路十分平坦。幽人贞吉:你是一个清高、高雅的人,这是好的。即指你这人十分清幽、高雅,你所走的路大多平坦无危险,是好的。

六三:眇能视,跛能履,履虎尾,咥人,凶,武人为于大君。

> 眇(miǎo)能视:瞎眼的人以为仍能见到事物,不知自量。跛(bǒ)能履:跛脚的人以为仍能够走路,不自量。履虎尾:结果踩到老虎的尾巴。咥人:老虎于是咬他。凶:是不好的。即谓做人要量力而为,没有能力而去做大事,就一定会犯错。履虎尾,接触到那些

丑恶的人,就会被咬,所以是凶。武人为于大君:等于一个武夫去做一国的君主,他并无治国才能,只适合打仗,不能治国,所以找一个只会打仗的人去做一国大君,一定是不行的,一定灾难百出。所以要量力。

九四:履虎尾,愬愬,终吉。

履虎尾:踩到老虎尾巴。愬(shuò)愬:心中有些恐惧。终吉:结果是好的。因为虽然踩到老虎尾巴,但心中恐惧,即是有所防备、防患,结果是吉祥的。

即是说你虽然遇到一个强暴的敌人,但如果你对这危险的情形有恐惧、有警惕,从而严加防范,结果会是好的。

九五:夬履,贞厉。

夬(guài):破裂。履:鞋子。因走了很多路,鞋已经破烂;路途难行,所以很疲倦。贞厉:很艰难,很危险。

上九:视履,考祥,其旋,元吉。

视履:考察你的鞋子、脚及所走的地方。考祥:考察所走过的地方的好或坏。其旋,元吉:返回的时候大吉。你要详细看清楚你的鞋及脚,亦即考察所走的地方是否吉祥,这样回程时就会大吉。

即是说虽然当初去时艰辛,但回来时非常吉祥而且大有收获。

11. 泰 ䷊

地天泰。安宁。

《杂卦传》:泰,反其类也。(泰卦与否卦都是反其类,泰卦是除去不好的类同之事物,此如拆去烂屋,改建新屋。又如提倡共同富裕,去除贫富分化。)

泰:小往大来,吉亨。

泰:通顺的意思,通顺平安。小往大来:由小扩大,由小变大,由坏变好。小往:支出小。大来:收入大。占到这爻,问什么事都会好的。亨:亨通。

即你所问的事,由小型可扩大,由坏可转好,支出小,收入大。这爻即是吉祥的爻。

初九:拔茅茹,以其汇,征吉。

拔茅茹:茅即茅草,茹即是根。以其汇:汇即同类的东西。禾田里生满杂草,一定要拔杂草,连根拔,同类的杂草也要拔,否则损害你禾稻的收获。即等于现在可能有外来侵害,你有麻烦,你要排除这些外来侵害的麻烦,最终得吉。征吉:你照这个方法,将问题或敌人或不利因素清除就好了。

九二:包荒,用冯河,不遐遗朋,亡得尚于中行。

这爻有几个解法。照我的解法,包荒即包容荒废的东西。来到河边想渡河,无船可渡,利用荒废物,如烂船、烂板,偕朋友渡河。冯(píng)河:无舟而渡河。不遐遗朋:遐即远,他不因河远而遗弃朋友,即同朋友一起渡河。亡:这个"亡"字前面可能漏了一个字,应加一个"弗"字。弗亡:两个人都不会淹死,平安。得尚于中行:行至河中间,朋友赠送礼物给他,因为他帮朋友过河。如果不加"弗"字,解不通。如果两个人都淹死了,哪有行至河中间得到礼物,所以"包荒,用冯河,不遐遗朋,弗亡,得尚于中行",那就解得通。但如将"亡"字归下句,即可解"亡"为"无",是即不遗朋亦无赞誉。

包荒另有其他解法。高亨说包荒可能是抱着一个大葫芦瓜,荒即大,抱着一个大葫芦瓜和朋友一起渡河,也是一个解法。又一个解法,包荒即包容一个粗鄙的人。荒即粗鄙,同一个粗鲁的人一起过河。这三个解法用哪个解法都可以。

如果你占到这一爻,你要帮一个朋友度过艰难,他会有酬劳给你的。

九三:无平不陂,无往不复,艰贞无咎,勿恤其孚,于食有福。

无平不陂(bēi):没有不起山陂的平地,一路平地,一定有山陂突起。无往不复:不会有一去不回头。艰贞无咎:你问的事情是艰吝的,但不会有问题,亦不会有错。勿恤其孚:这个"恤"字可以解为遗失、丧失,不要丧失你的信心。于食有福:就饮食有福,有饮食之福。

这个爻辞说明一切事件不会一路通顺而无波折,好像股票走势,不会一路只涨不跌,或者只跌不涨。一定有平、有陂,有往、有复。最难的是看准什么时候它会改变,如果你能够看准它改变的时间,就有机会。

六四:翩翩,不富以其邻,不戒以孚。

翩翩:游荡。这个富家子只顾游荡,不务正业。不富以其邻:与一群邻人花钱,花光了钱。不富:变得不富有。不戒以孚:但是他没有停止信赖他的这些邻人,仍然信赖他的一群朋友,仍然是信那些猪朋狗友来散钱。他之所以无钱,因为他那些猪朋狗友,严格来说,这里的"邻"不是隔篱邻舍的意思,而是与他一起同行、一起胡混、一起玩的那班人。

六五:帝乙归妹,以祉,元吉。

帝乙:商王,名乙。归妹:将他的妹妹出嫁。以祉:有福。元吉:大吉。这个殷朝的帝乙将他的妹妹嫁给周文王,做了周文王的王妃,你说是否有福呢?当然有福,所以大吉。

如果你占卦占到这爻,问什么事都会有好的结果。

上六:城复于隍,勿用师,自邑告命,贞吝。

城复于隍:城即城门。复:倾倒。隍:沟渠。即是这城门倾倒进沟渠。勿用师:不要出兵。自邑告命:那些邑人请命国君不要出兵打仗,因为那个城墙毁坏并倾倒入沟渠内了,故此不要出兵。

如果你占卦占到这爻,即问卦的人面临一些困难的事,就不要随便做事,要小心,不可前进。

12. 否 ䷋

天地否。不安宁。

《杂卦传》:否,反其类也。(否卦也是反其类,却是反去好的类同事物,此如助长贫富分化,而不知共同富裕。)

否:否之匪人,不利君子贞,大往小来。

> 否(pǐ):否塞,不通顺。否之匪人:你所交往的人不是一个正常的人,而是一个闭塞不通的人。不利君子贞:对于你这个君子是不利的。大往小来:使你支出大,收入少,即使你由大变小,由盛变衰。
>
> 故此,如果你占到这卦,要小心你现在所交往的人,或要用的人,因为他不是正常的贤者,而是一个闭塞不通的人,对于你这君子是不利的。

初六:拔茅茹,以其汇。贞吉,亨。

> 拔茅茹:拔走茅草的根及同类的杂草。贞吉:那就十分好。亨:通。
>
> 这一爻与前面泰卦初九意思一样,就是有一些外来侵袭的麻烦,你要排除它,才能得到好处。

六二:包承,小人吉,大人否,亨。

> 包承:心抱持一种奉承的意思,即奉承、讨好他人。小人吉:如果下级的人做这些包承的工夫,是好的。大人否,亨:上级、高阶级的人就不应该做这些包承工夫,虽然有否塞困难的环境,也不能做包承的工夫,如此则亨、亨通。

六三:包羞。

> 包羞:有羞耻包在心里头,即感到羞耻。我以前为朋友占了一支卦,占到这一爻。起因是他的车开不了了,要找会开车的人替他开动,请我为他占一卦,看他怎样处理这件事。我占到这一爻,我说:"喂!这件事你会有一些羞耻的心啊!你会好丢脸!"后来会开车的人来了,说:"哈!原来你忘记启动汽车点火开关,当然开不动!"真是丢脸至极。《易经》说包羞,是心里感到羞耻。

九四：有命，无咎，畴离祉。

　　有命：天命已安排。无咎：无灾无难。畴：田野。离：离为火，即是很光猛。祉："祉""福"同解，有福。田野有日光照耀是有福、有富贵之福。（王按："畴"亦可解为同俦，是即谓受同俦照拂，亦有福。）

　　占到这一爻，即是说你的事情已经由上天安排，无灾无难，而且你的产业是有福的。

九五：休否，大人吉，其亡其亡，系于苞桑。

　　休：恐惧，心怀恐惧。否：否塞，你的心常常惊恐会闭塞，恐怕会运势不好。大人吉：如果你是一个在上位的人，时常有这样恐惧的心，则会转危为安。其亡其亡：你的心时常怕失败，便会失败。系于苞桑：时常恐惧失败，故此，你很谨慎，很勤奋，你的事业就是系于苞桑，好像捆扎在树上一样坚固不移。

　　这爻是说，你是时常恐惧失败的人，所以谨慎、勤力，这样便安稳。

上九：倾否，先否后喜。

　　倾否：倾即是克服，克服这个否塞的环境。先否后喜：开始时闭塞，后来是欢喜，即是由不好的环境转为好的环境。

13. 同人 ䷌

天火同人。会聚外力。

《杂卦传》：同人，亲也。（相亲，相近。）

同人：同人于野，亨，利涉大川，利君子贞。

　　同人：聚集起一群人。同人于野即聚集起一群人于野外。亨：亨通。利涉大川：利于涉过一条大河。利君子贞：对于一些正当的君子是有利的。

　　如果占到这一卦，即是说你会聚集一班人，来做一件大事或者是渡过一个难关。如果是正当的，应该是有利的。

初九:同人于门,无咎。

　　同人于门:聚集一班人在门外商量大事。无咎:不会有错的。

六二:同人于宗,吝。

　　同人于宗:聚集一群人在宗庙处。吝:困难。在祖庙处商量、讨论一些困难的事情。

　　如果占到这一爻,便会有些麻烦。

九三:伏戎于莽,升其高陵,三岁不兴。

　　伏戎于莽:伏是埋伏,戎是兵,埋伏士兵于莽、于草堆处,不给敌人看到。升其高陵:有个人不识避忌,不知小心,登上高山处。三岁不兴:给敌人见到,埋伏计划失败,被敌人打败,三年都不能再兴起。

　　这一爻即是暗藏一些计划不能给人知道,如果给人知道,计划便会受破坏和失败。

九四:乘其墉,弗克,攻,吉。

　　乘其墉:已经登上城墙。墉是整堵墙,打仗已经攻到城墙上面。弗克:但未完全克服一切,还未完全胜利。攻,吉:继续攻打下去,就吉利。

九五:同人先号咷而后笑,大师克,相遇。

　　同人先号咷而后笑:同一班人先被打败,在号咷,后来又笑,为什么呢?大师克:另外有一支兵打胜。相遇:大家再相会一起,所以便笑。

　　占到这爻,最先事情不太好,危险,后来得到安宁。

上九:同人于郊,无悔。

　　同人于郊:聚集一群人在郊外。古人在郊外祭天、祭祀天神。无悔:得到天的保佑是无悔恨的事。

14. 大有 ䷍

火天大有。丰收。

《杂卦传》:大有,众也。(众多,得众。)

大有:元亨。

　　大有:丰收。那年五谷丰收,所以元亨,因为丰收便是本然的亨通。大有丰收之年,非常之大而亨通又美丽。

　　占到这爻,样样都好。

初九:无交害,匪咎,艰则无咎。

　　无交害:人与人之间千万不要互相损害。匪咎:这样便没有错。

　　艰则无咎:有艰难的时候就互相帮助,这样便更加没错。

九二:大车以载,有攸往,无咎。

　　大车以载,有攸往:用大架车来载人、载物,可以去远的地方。无咎:无错,无麻烦。

　　占到这一爻,便主张你可以去远的地方,可以装载很多东西去远方。

九三:公用亨于天子,小人弗克。

　　公用亨于天子:表示这个天子设宴,来款待一些公爵及侯爵。小人弗克:庶民、平民就没有这种优待。

九四:匪其彭,无咎。

　　匪其彭:这个匪就是排除;彭是陋恶的人及陋恶的事。

　　(王按:"彭"亦可解为旁边,"匪其彭",便不是那一边。)

　　要排除一些邪恶的人及邪恶的事,这样便没有过错。

六五:厥孚交如,威如,吉。

　　厥孚:"厥"即是作为上级统治的人;孚即是要有信心。交如:光明磊落。威如:又要有威严。厥孚交如,威如,吉:那些统治者要有信心,这些人的心要很皎洁及有威严,这样便是吉。

上九:自天佑之,吉无不利。

　　自天佑之:这些问卦的人,上天保佑你。吉无不利:没有什么事情是不利的,样样都有利。

　　占到这爻就样样都好。

15. 谦 ䷎

地山谦。谦虚。

《杂卦传》:谦,轻。(轻即是自谦,相反自大便是重。)

谦:亨,君子有终。

> 一个有道德的君子有好的结果。谦:意思是谦虚,不夸张,一个谦虚的人一定亨通美丽,等于一个有道德的君子有好的结果。占到这爻就样样都好。

初六:谦谦君子,用涉大川,吉。

> 谦谦:谦虚到极致。君子:这个有道德的人。用涉大川:渡过一条大河。
>
> 假如你问去的地方好不好呢,占到这爻便可以随便去,大吉。

六二:鸣谦,贞吉。

> 鸣谦:鸣即是出名。这个人出名的谦虚。贞吉:真真正正是吉祥。占到这爻,样样都好。

九三:劳谦,君子有终,吉。

> 劳谦:劳即是功劳,有功劳但他很谦虚、不夸耀。君子有终:这是个有道德的君子,有好的结果。终是好的结果。吉:吉祥。
>
> 占到这爻也是样样都好。

六四:无不利,㧑谦。

> 无不利:样样有利。㧑谦:㧑即是布施恩惠给他人,而且谦虚不夸耀,所以他样样都有利。

六五:不富以其邻,利用侵伐,无不利。

> 不富以其邻:本国没有钱,即是邻国侵夺本国财富。利用侵伐:故此便要攻打邻国。无不利:攻打邻国有理,不会不利。
>
> 这爻是说,你之所以不富有,是因为其他人抢夺你的财富,所以你一定要好争,争回来,这样才有利。

上六:鸣谦,利用行师,征邑国。

031

鸣:有名,是出名的谦虚的人。利用行师:你就可以出兵攻打不服从你的国家,一定会胜利。

占得此爻,如问自身,利出外旅行。

16. 豫 ䷏

雷地豫。休养,享受。

《杂卦传》:豫,怠也。(怠慢,自怠。)

豫:利建侯行师。

利建侯行师:利于建立诸侯和出兵去打仗。豫字的解法是享乐、和乐、开心。

这卦辞利建侯行师,从一个国君的角度来看,是利于建立诸侯和出兵去打仗。如果在平常人来讲,是利于建设家庭,或者是利于建设商业,利于出行也可以解得通。

初六:鸣豫,凶。

鸣:出名。这个人是出名的享乐主义者。凶:他的前途一定不好,因为享乐过度,以致荒淫无道,放弃事业,一定是失败,所以是凶。所以,过度享乐是不好的。

如果占卦,问卦的人得到这爻,便要自己反省一下,可能"泰筮之神"知道你耽于享乐,所以你的事业是不好的。

六二:介于石,不终日,贞吉。

介于石:刚强、强项,心坚强到好像石般硬。不终日:还好不是时常这样,间中也会心软。贞吉:正当才是好的。有时太过固执,固执到好像石头一样,这样便会撞墙,所以不终日。如果你虽固执但能转弯,不到一天你便改变初衷,这样便会好。不终日:不到一天,很快的意思。

六三:盱豫,悔,迟有悔。

盱豫:盱即是日出,太阳初升起,比喻你的事业或生意或者学业,一路正在升起的时候,却走去享乐,放弃升起的事业,你一定会悔恨。迟有悔:如果你不改,再迟些有更加大的悔恨。

这爻有一个警告的意思,当你发展的事业或者学业正在升起时,你就去享乐,结果一定错。

九四:由豫,大有得,勿疑,朋盍簪。

由豫:你有理由去享乐,有合理的理由去享乐。大有得:由于这种享乐而有所收获,有益的,这便是好。勿疑,朋盍簪:你不要怀疑。盍即是多多说话,说你的不是,即有些朋友见到你享乐,就说了很多批评你的话,你不要因此对自己产生怀疑。因为你这个享乐是有理由的。例如你招待一个客人,与他去一些享乐的地方,而得到很大的生意,如果有些朋友讲你不对,就不需要理会他。

占例:问可否继续用菲佣?菲佣因自己的婚姻有问题、不开心而影响工作,但还是很合作,态度还好,效果过得去,可暂用。有关与菲佣续约的问题,朋友来电说她坏话,因菲佣的丈夫在朋友家中当司机,菲佣常致电朋友家,所以朋友劝我辞去菲佣,但我没听从,因她没什么大错。结果司机和另一女佣相好而与我的菲佣离婚,我的菲佣就专心工作,这司机后来被雇主朋友辞去。

六五:贞疾,恒,不死。

贞疾,恒,不死:假若占卦的人是问疾病,你便可放心了,不会死,绝对不会死,会康复的。

(王按:亦可解为病情延绵——"恒",但不会死。)

上六:冥豫,成有渝,无咎。

冥:日落,将近晚上的时候,即是象征你的事业已经低沉,已经处于衰败阶段。豫:而你仍然去享乐,你的事业已经到衰败的时候,你还去享乐。成有渝:你做成的事业都会破坏。渝:毁坏。无咎:这两个字可能是多余的,他建立的事业都已破坏,为何是无咎?如果一定要解无咎,可解作你处于低沉时,还去享乐,你建立的事业已经毁坏,但若你警觉,改良你的行为,便可以无咎,这样便解得通。

17. 随 ䷐

泽雷随。跟随,附和。

《杂卦传》:随,无故也。(没有更动改变。)

随:元亨利贞,无咎。

> 随:跟随、随从。元亨利贞:本来就亨通,利于依正道而行事。无咎:如果占卦问什么事,都好。
>
> 见到这卦,即是样样都吉利。

初九:官有渝,贞吉。出门交有功。

> 官有渝:上级的官吏做错了事。贞吉:如果他们做正当的事,即使做错了,也都是好的。出门交有功:在外面结交一些人,便有功劳。
>
> (王按:可解为官府虽然坏了事,但若能正直而为,则仍然吉利。)

六二:系小子,失丈夫。

> 系小子:系着一个小朋友。失丈夫:失大人。小子和丈夫表示比轻重、比地位,两人相对。得到这个小子就失了一个大人,即是不能两得,只可得一。

六三:系丈夫,失小子,随有求得,利居贞。

> 系丈夫:去找丈夫,找大人。失小子:就是不见了那个小子。随有求得:是跟随去找他,可得回。利居贞:守正道有利。
>
> 丈夫与小子可能是象征另外一件事,不一定是丈夫及小子,可能小子是一件宝物、钱或者一间屋。总之不能两者兼得,得到一个大,就不能得个小,得到小就得不到一个大。但是六三这爻比较好些,虽然失去那个小子,但是随后可以得回。比如小子是钱,虽说不见了钱,但只要维持了丈夫,钱是可以赚回来的,所以利居贞,遵守这个正道,一定是好的。

九四:随有获,贞凶,有孚在道,以明,何咎。

> 随有获:追随着一个人或一件事便有所收获。但是追随的动机是

不好的,所以,你们要提防。贞凶:可能有后台、有陷阱,所以,这个追随能有收获,但要看清楚追随的动机。有孚在道:不如在道义上有信心。以明,何咎:用这个心去明察这件事,这样就不会有错了。

所以追随一个人或一件事,最重要的是看自己以及对方的动机。不能说有所收获便是好,有时候,有所收获可能是个陷阱。占到这爻便要小心。

九五:孚于嘉,吉。

孚:有信心。于嘉:嘉解作善事、善美,做善事有信心就一定吉。

做善事要有信心,不能贪名利来做善事,这样就不太好了,只要有信心来做一件善事,不是自私,这样便一定吉。

上六:拘系之,乃从维之,王用亨于西山。

拘系之:这爻是说一个故事,事关周文王。商朝的纣王捉了文王,关在羑里这个地方,文王当时被困在羑里,就写了《易经》,后来,商王把他放了出来。拘系之:初时捉了文王来,困在羑里。乃从维之:后来便放了他,维即是放。王用亨于西山:文王在西山祭祀天神,多谢西山之神帮助,脱离监狱。

占到这爻,即是问卦的人现在可能有些麻烦,但后来可以脱离灾难。

18. 蛊 ䷑

山风蛊。败坏,事机不洽。

《杂卦传》:蛊,饬也。(原文作"则饬也",此"则"字为语助词。依《说文解字》,"饬"不同于"饰",于内为"饬",于外为"饰"。所以对内心是修饬,对外貌便是装饰。)

蛊:元亨,利涉大川,先甲三日,后甲三日。

蛊:意思是一件大事。若你占得蛊卦,用卦辞来解,你问的那件事情是大事。元亨:本然亨通。利涉大川:你问要过大河有利吗？先甲三日，后甲三日：你要选择日子过大河。甲之先三日是辛日，甲之后三日是丁日。如果你要过大河，最好选辛日或丁日。

初六：干父之蛊，有子，考无咎，厉终吉。

干父之蛊："干"解作除去，除去父亲那些毒蛊，这里的蛊不是解作事，而是解作毒虫。父亲给毒虫、小人侵害，要替他排除毒虫、小人。有子：这个父亲有个这样的儿子。考：父亲。考无咎：父亲有这样的儿子就无咎了。厉终吉：虽然初时的情形有些危险，但结果是好的。

如果占到这爻，问卦人的父亲有些麻烦，被小人侵害，要帮他排除小人。

九二：干母之蛊，不可贞。

干母之蛊：除去母亲之毒虫或小人。不可贞：如果你问除去母亲的小人好不好呢，不好，可能母亲溺爱那些小人，不想你除去。但亦可以作另解。干母之蛊：就是想除去母亲之毒虫或小人。不可：母亲说不好。贞：但是你做儿子的要依正道去做，除去母亲的毒虫。

九三：干父之蛊，小有悔，无大咎。

干父之蛊：干是除去。除去父亲之毒蛊、小人。小有悔：可能有些悔恨，因为父亲未必喜欢，可能父亲不喜欢，故此有一点悔恨。无大咎：不会有大的过错，因为是做一件正当的事，替父亲除去那些毒虫、小人，是正当的事情。

六四：裕父之蛊，往见吝。

裕：解作宽容。宽容父亲的那些毒虫、小人，不排除它。往见吝：见父亲的时候觉得困难。因为知道这些小人等于毒虫，会破坏父亲的事业，但是又要宽容它，便觉得为难。

（王按：往见吝，应解作发展下去即有麻烦。）

六五：干父之蛊，用誉。

干父之蛊:排除父亲之毒虫、小人。用誉:这样便有名誉,人人都称赞你好。

上九:不事王侯,高尚其事。

不事王侯:不会奉承上级的人,他不会奉承那些王侯。高尚其事:把持自己的道德,做一个清高的人。不过,这处暗示有些麻烦,可能太过清高就会有些麻烦。

这个故事是说伯夷及叔齐之事。伯夷及叔齐是商朝的人,他们的父亲死后把王位传给伯夷,伯夷不肯做,将王位交给叔齐,叔齐也不肯做,结果给一个坏人纣做了大王,导致商朝大乱。周文王及周武王伐纣,打败纣王,取了天下,称为周朝。伯夷及叔齐说周文王夺了商朝王位是不对的,誓愿不食周朝的米麦,去了首阳山处采薇而食,即是食一些果实,结果便饿死了。

占到此爻即表示,这个问卦的人很清高,但要提防太过清高,否则生活会产生问题。

19. 临 ䷒

地泽临。管理,亲自做事。

《杂卦传》:临,与。(原文"临观之义,或与或求",临为与,观是求,所以临卦的卦德是施恩、施惠。)

临:元亨利贞,至于八月有凶。

临:意思是亲身来管理。元亨利贞:本来就亨通,利于依正道而行事。至于八月有凶:但是到八月便有凶。

如果你占到这卦,即问卦的人现在有件事要亲身去处理,这件是大事,如果处理得正当,此事是有利的,但要提防到八月便有凶象。

初九:咸临,贞吉。

咸临:咸即是和蔼,用和蔼的态度来管理下属。贞吉:是正当的行为。吉:是好的。

（王按：咸临亦可解为大家一起来临事。）

如果是在政府工作的人，像仁君一样，用和蔼的态度亲身管理下民是好的。对于一般人，用和蔼的态度来管理下属是好的。

九二：咸临，吉，无不利。

咸临：考据家说这个"咸"字应该是"威"字，二爻是九，就是用威势的方法去管理下属，这样便好。无不利：不会有不利的事情。

如果是一国之君，用这个威义来管理下民就有利，因为不能完全用柔和的方法。

（王按："咸临"应解作"一起来管理"，不必改为"威"。）

六三：甘临，无攸利，既忧之，无咎。

甘临：在此处解作用甜言蜜语来管理下属，多少有点欺骗的性质。无攸利：这样便不好，无利益。既忧之，无咎：你既然忧心这个办法不好，就要改变，改用另外的办法，就无咎了，就不会有错了。

另外一个解法是"甘"字可能多个"手"旁，成为"拑"字。拑制即是用压迫的方法管理下属，亦是无攸利，亦即是无利益。既忧之，无咎：既然忧心这个压迫方法是错的，便应改变，用宽容的方法，就没有错了。

六四：至临，无咎。

至临即是说自己亲身来管理下属，这样便没有错，无咎。

六五：知临，大君之宜，吉。

知临：这里的"知"字即是"智"字。用智慧、明智来管理下属，一个大国之君应该是这样做的。吉：好。

如果普通人占到这爻，即是要用你的智慧来管理下属、管理这件事，这样便会好。

上六：敦临，吉，无咎。

敦临：敦解作敦厚，用敦厚的方法来管理下属。吉：吉祥。无咎：不会错。

20. 观 ䷓

风地观。观察。

《杂卦传》：观，求。（观卦的卦德是求人施恩、施惠。）

观：盥而不荐，有孚颙若。

> 观：观察，是卦名。盥：祭祀天神时用酒。盥而不荐：但是没有祭牲、礼物奉上。有孚颙（yóng）若：这个人是有信心、信实的人。颙若：很恭敬，很严肃的样子。即是说，当这个人祭祀时候奠了酒，却没有祭牲，但是他的态度很信实、很严肃、很恭敬。
>
> 如果你占到这一卦，可能问卦的人做这件事，做到一半，还有一些未曾做，同时，他不是很富有，但为人很诚实、很恭敬，在外观上是不错的。

初六：童观，小人无咎，君子吝。

> 童观：幼稚的观察。童：幼稚，很幼稚的观察力。小人无咎：如果是一般人便无碍，无问题。因为平常的人做事可能简单些，故此，虽然是幼稚的观察，也不会有错。君子吝：如果是上级的君子，事务众多，而观察幼稚，这样便会有困难。
>
> 若占到这爻，便要留意你的观察是不是幼稚，你所办的事是平常的小事还是大事，如果是平常小事便没有问题，如果是大事就有大困难，因为你的观察力很幼稚，不够成熟。

六二：窥观，利女贞。

> 窥观：窥即是在门隙处去偷窥，一个少女在偷看。利女贞：如果这个少女是正当的，便有利。
>
> 我以前代西雅图一位世侄占姻缘卦，我解错了卦，忘记了这个窥观。在古人看来，于门隙处偷窥，便不是很正当的少女，所以下文说，要一个正当的少女然后才有利。而我只解了下文，没有详细思考。窥观是从门隙偷窥，这个少女不是很正常，是蛊惑的少女。而我对朋友说，这个少女好呀，结果他便与她来往，后来很麻烦，

花了很多钱才脱得了身。所以解卦真是要很小心,窥观要留意这个"窥"字。古人认为,一个少女在门隙处偷看人,即是不大方,是邪僻的少女,下文说如果这个少女是正当的便好,如是不正当的就不好了。

六三:观我生,进退。

观我生:观察我的生活。进退:应该进或退? 这是一个解法。另外一个解法,观我生就是观察我国的人民,进退是人民哪个晋升哪个应该退下。两个解法,看问卦的人所问何事,然后去解释。如果是一般人问卦,所问之事为个人的事,就解为观察我的生活,应该进抑或退? 如果是一国之君,占到这爻,即是观察国内人民,哪些应该进,哪些应该退? 两个解法,要看你的问题的性质,再用适当的方法去解。

六四:观国之光,利用宾于王。

观国之光:观察国家的光荣事迹。利用宾于王:利用做君王的宾客这个机会,去看国家的光辉事迹。

九五:观我生,君子无咎。

观我生:观察我的生活。君子:一个有修养的人。无咎:无错过、无灾难。别解:如果是一国之君或上级领袖,占到这爻即是观察其下属、百姓及下属君子。君子无咎:管理人用这个方法来观察,就可以无错。

上九:观其生,君子无咎。

观其生:观察第二个人的生活,你所问的人的生活或生命。君子无咎:是一个正人君子便无错。另解:观其生,君子无咎,就是观察第二国的人民,这个领导者做得无咎、无错。

这二爻我以前占过,"九五:观我生,君子无咎","上九:观其生,君子无咎"。我有位朋友,他太太怀孕了,但他的太太有遗传性糖尿病,担心生这婴孩会有危险,同时婴儿会遗传糖尿病,于是想堕胎。他请我帮他占一卦,我占到这卦"观我生,君子无咎",我解作不要堕胎,可以生。结果母子平安。这个是男孩,且没有遗传糖尿病,母子平安,这两爻都应验了。

21. 噬嗑 ䷔

火雷噬嗑。咬,箝制。

《杂卦传》:噬嗑,食也。(不需解释。)

噬嗑:亨,利用狱。

> 噬嗑(shì hé):卦名。噬:用牙来咬东西。嗑:合口。这卦辞意即合着口咬东西。亨:亨通、美丽。利用狱:是利用刑狱来防止犯法。
>
> 如果问卦的人要打官司,占到这一卦辞,这场官司就会赢,因为亨通是有利的,所以这场官司便会赢。

初九:屦校灭趾,无咎。

> 屦校(jù jiào):双脚拖着刑具。校:刑具,木制的刑具。灭趾:割了只脚趾。这一卦原是讲用刑狱来惩罚这些犯罪的人。屦校灭趾:割了只脚趾,然后背着一个木制的刑具,属于轻刑。用轻刑来警惕他,使他不要再犯大过,便不会受重刑,所以便无咎,免除犯重刑。
>
> (王按:或解"屦校"是戴着木足枷,因此遮着〔灭〕足趾。不是割去脚趾。)

六二:噬肤灭鼻,无咎。

> 噬:用牙来咬。肤:肉。灭鼻:罚他割了鼻子。周朝时对下人、奴婢很严肃,不能食肉。可能这奴婢偷食肉,罚他割了鼻子,属于轻刑。用轻刑来小惩大戒,使他不要再犯大罪,免受重刑,所以无咎。

六三:噬腊肉,遇毒,小吝,无咎。

> 噬腊肉:咬干的肉。遇毒:腊肉是有毒的,或者生虫,或者发霉。小吝:小小的麻烦、小小困难。无咎:无灾难。咬住干肉的时候,

便发觉肉有毒,所以没有吞进肚内,故此只是小小的艰难,未成灾害。

如果占到这爻,这件事有小小的麻烦,但不会有灾难,因为发觉得早。

九四:噬干肺,得金矢,利艰贞,吉。

干肺(zǐ):肺是肉带骨的,肉之中有骨。金矢:金矢是箭头,金属的箭头。咬着干的肉、有骨的肉,发觉有箭头。利艰贞:有些艰难、困难的事情,但幸好是正当的。吉:所以是吉的。

及早发觉肉中有箭头,虽然事情有艰难,但没有问题。

六五:噬干肉,得黄金,贞厉,无咎。

噬干肉:咬干的肉。得黄金:原来里头有黄金粒,食了黄金粒是有害的。贞厉:很严重,很危险的。但幸好发觉得早,所以无咎。

上九:何校灭耳,凶。

何:通"荷",背着,背着刑具。校:刑具。灭耳:割了耳。凶:这犯罪的人可能犯了大罪,背着刑具并要遭割去耳朵,可能去受重刑,所以是凶。

占得此爻,问卦的人很可能有大的麻烦,可能是官司。

22. 贲 ☲

山火贲。文饰,优雅。

《杂卦传》:贲,无色也。(不是有意作为的文饰便是无色。如初九爻辞"贲其趾",只是穿鞋,其趾即有鞋为装饰。余类推。)

贲:亨,小利有攸往。

贲(bì):文饰,斯文的装饰。与女性化妆的装饰不同,是斯文的装饰。亨:亨通。小利有攸往:如果有地方要去,会有小小的利益。

占遇这爻,要去什么地方或要做些什么事都会有利益。但是利益不会太多,是小益。

初九:贲其趾,舍车而徒。

贲其趾:这个人装饰他的脚,即是穿着带花纹的鞋来装饰。舍车而徒:不坐车,只行路。

因为他要展示鞋子的文采,所以不坐车。坐车怕别人看不到。这爻解此人注重外观,不计实际。

六二:贲其须。

贲其须:装饰、文饰他的须。此处似乎这个人的须是白色的,他文饰他的须,表示寿元相当高。

九三:贲如濡如,永贞吉。

贲如:此人很斯文,有文采的斯文。濡如:很柔和,性格很柔和。永贞吉:如问长期的吉凶,长期都吉、吉祥。这个人有文采般的装饰,而且性格柔和,故此长期的运程都是吉的。

六四:贲如皤如,白马翰如,匪寇婚媾。

贲如:这人文饰得很好。皤(pó)如:所穿的衫有白色花纹。白马翰如:所骑的马是白色。翰如:马毛很长。这人穿有白色花纹的衫,骑着白马,且白色马毛很长。匪寇:不是做贼。婚媾:谈婚姻的事。

占遇此爻,问卦的人一定有嫁女或娶新妇的喜事。

六五:贲于丘园,束帛戋戋,吝,终吉。

贲于丘园:文饰他的花园,将花园装饰得很美丽。束帛戋(jiān)戋:里头装的钱,或一束一束的钱。戋戋:不是很多,只是很少。吝:似乎有些困难。终吉:但结果是好的。

这爻大概描写以前男女订婚的情形。女方将花园修饰好,男方就送些礼物来,但送来的礼物"戋戋",很少。"吝",初时有些困难,女方不是太满意,但"终吉",结果都是无问题。

我以前占过一卦,遇这一爻。当时,澳门还在打仗,我有位朋友在做情报工作,经费由国民党政府从重庆用飞机运来,空投给他。有一次,没有投中目标,投斜了。他请我替他占一卦,问钱的下落。当占到这一爻,我说,你的银子一束一束的,跌进了人家花园处,你在附近人家的花园找,就会找到了。结果真的找到。

上九:白贲,无咎。

问卦的人是以无文饰为文饰,那便是自然而然,就没有什么灾咎。

23. 剥 ䷖

山地剥。剥落,渐渐败坏。

《杂卦传》:剥,烂也。(因剥而烂,不是自然腐烂。)

剥:不利有攸往。

剥:意思是剥削、剥除、剥落及割去,即是不好的意思。不利有攸往:若你要去某地就不利,不会有利益,警告你不要去。

"剥:不利有攸往。"若占得此爻,就一定不要去这个地方。

初六:剥床以足,蔑贞凶。

剥床以足:把一张床的脚除去。蔑:舍弃。贞:正道。舍弃正道不做。将一张床的脚剥去,这不是正当所为。所谓蔑贞凶,即一定有凶兆。

六二:剥床以辨,蔑贞凶。

辨:床板。把那床的床板拆去后,那怎还算是一张床。蔑贞凶:这种做法,又是舍弃正道。舍弃正道做一些不合正道的事,那一定会有凶兆。

若占得此爻,证明问卦之人做事不正确、荒谬,一定有凶的结果。

六三:剥之,无咎。

剥:剥除。这个"剥",似乎是拿走的意思。拿走了别人的东西。

无咎:便不会有麻烦。

(王按:"剥之"可解为舍弃。占遇此爻,应舍旧从新。)

六四:剥床以肤,凶。

剥床以肤:肤就是席,床席。把床上所铺之席拿走,又是凶象。

何解呢?因为如果床没有席,睡上去的人便很容易着凉,以致生病,故此是凶。

六五:贯鱼以宫人宠,无不利。

贯鱼以宫人宠:贯鱼便好像一个皇帝吩咐宫人,把他宫里的妻妾像贯串鱼一样,排定秩序。排定秩序,轮流当值,不让他们争先恐后,这样便无不利的事情发生。

若占得此爻,表示问卦的人办事要排定秩序,不可以凌乱,这样便有利。

上九:硕果不食,君子得舆,小人剥庐。

硕果不食:这个人有很大的果实或有很多谷米都不吃。君子得舆:为什么不吃?因为要用这些食物来换一辆车。小人剥庐:那些下级的人更加没有东西吃,便割让房子来换食物。高亨谓剥庐可能不是指房子,可能是指草花头,即芦根。即是说,那些下级的人既然分不到食物,就只有争吃那些芦茅根。若食茅根的解法讲得通,上爻是九,这上级的人硕果不食,有很大的果实,有很多谷米都不吃。君子得舆,为什么不吃呢?因为他把食物来换一辆车。小人剥庐,那些下级的人没得吃,只有割让房子来换取食物,或是吃茅根。

24. 复 ䷗

地雷复。复原,渐渐康复。

《杂卦传》:复,反也。(反即是返。)

复:亨,出入无疾,朋来无咎。反复其道,七日来复,利有攸往。

复:返来,返回。亨:亨通。出入无疾:出入都没有病痛。朋来无咎:朋友没有带来麻烦。反复其道:在此道上,一往一返。七日来复:七日便可返回家。利有攸往:若要去某地就有利。七日来复是天道,为什么不是六天或五天,而是七天呢?这七日来复会带出很多问题,但由于不属占卦范围,此处从略。

初九:不远复,无祇悔,元吉。

不远复:走得不远便返回来。无祇(qí)悔:这样做,就没有什么悔恨的事情。元吉:本然吉利。不远复,即是走得不很远便返回来,所以没有什么悔恨,而且吉祥。

六二:休复,吉。

休复:退休,退休把职位让给别人,故此是吉。另外一种解法,休解作欢喜。欢喜返回来家里就是吉,因为这次去旅行,就是有利然后才回来。

六三:频复,厉,无咎。

频复:频频回来。厉,无咎:有危险,但无咎,亦没有害处。为什么呢?因为见情况危险便知难而退,所以便无咎。另一种解法,频不是指频繁的频,而是皱眉之频,即表示这人出外遇到一些有危险的地方,便皱眉头回来,故此便没有害。

六四:中行独复。

中行独复:最初与人同行,走至路途中间后,便只得他独自返回来,同行的一群人没有一起回来。

六五:敦复,无悔。

敦:解作考察。

这人出行,经考察之后,发觉此行不合道理,故此返回来,所以便没有什么悔恨。

上六:迷复,凶,有灾眚,用行师,终有大败,以其国君,凶;至于十年,不克征。

迷复,凶:迷失道路而返回来,此乃凶象。有灾眚:有灾难。用行师,终有大败:若出征,终有大败,结果一定遭受大败。以其国君,凶:为什么呢?因为这国家的人君不好。凶:不好。至于十年,不克征:直到十年亦无法去征伐。

若占得此爻,便不甚好。做什么事情都会迷失道路而且会失败。

25. 无妄 ☰

天雷无妄。利正道,处事会出乎意料。

《杂卦传》:无妄,灾也。(不能预期的灾患。)

无妄:元亨利贞,其匪正有眚,不利有攸往。

　　无即是没有,妄即是邪曲荒谬之事。没有这些邪曲及荒谬的思想或行为。元亨利贞:本来就亨通,利于依正道而行事。其匪正有眚:若不是正道或正当的,便会有灾难。不利有攸往:是故不宜进行。(王按:不利有攸往是不宜有动作的意思,可引申为不宜到别的地方去。)

初九:无妄,往吉。

　　无妄:完全没有邪曲或荒谬的思想及行为。往吉:他去某地(王按:往吉,亦可解为可以行动处事),他的心很正当,没有那些邪曲的思想,没有那些荒谬的思想,故此是吉,是好的。

六二:不耕获,不菑畬,则利有攸往。

　　解法一:

　　不耕获:此人不耕田,不再做农业。不菑(zī)畬(yú):菑即是荒田,荒地从没用来种过禾。畬即是熟田,已经种过禾。他亦不会开荒,将那些荒地变为熟田。是怎样呢? 则利有攸往,他便要出外工作谋食,才有利。

　　解法二:

　　不耕获:此人是地主,不用耕田就有收获。不菑畬:他不用开荒却自然有些熟田。则利有攸往:他不用做工作,故此便时常去游历各地,这样便是有利。

　　以上两种解法,第一种的解法较为正确,即是不务农业而出外谋食,这种解法较为适合。

六三:无妄之灾,或系之牛,行人之得,邑人之灾。

　　无妄之灾:此人没有做错事情,没有做一些邪曲及荒谬的事,但亦有灾难;然而只是不小心之过,不是邪曲的灾难,只是不小心,粗心大意。下文给你说一个故事,就是一种譬喻,给你说明。或系之牛:曾经试过有一次,一个人把牛绑在路上,没有人看管它。行人之得:这头牛便摆脱绳索,逃走了,在路上的人便得到这头牛。
邑人之灾:这邑人便失了一头牛,便变成他的灾难。他粗心大意绑那头牛,绑得不好,亦没有人看管,此事就变成无妄之灾。

九四:可贞,无咎。

可贞:此贞可解作问卦,占问这件事可不可以做。答案是可。可贞,你所问的事情可以做。无咎:无坏处。另一种解法是,可贞,即是说此人的德行可能很正当,故此便无咎无难。

九五:无妄之疾,勿药有喜。

无妄之疾:此人患了小病,但他的病源,并非是做了一些邪曲荒谬之事,而是不小心吃东西的问题。勿药有喜:不用吃药就痊愈。他的疾病,不是因为做了一些邪曲荒谬之事,而是另有原因。故此,他不需要吃药便可痊愈了。

上九:无妄,行有眚,无攸利。

无妄:这无字解作不要,即不要做那些邪曲荒谬的行为。有眚:因为这样便会有灾难,眚就是灾难。无攸利:完全没有利益。

26. 大畜 ䷙

山天大畜。丰厚,积蓄。

《杂卦传》:大畜,时也。(得时,适应时机,就能致富。)

大畜:利贞,不家食吉,利涉大川。

大畜:积蓄很多东西。利贞:利于正当的事业。不家食吉:不要在家里谋食,出外谋食才好。利涉大川:有利于过大河大海。
若占到此卦辞,即表示这人有些积蓄,做的事务是正当的,故此有利。不宜于在自己的家园谋食,应该出外谋食,利涉大川。

初九:有厉利已。

有厉:问卦人有些危险的情况,所做的事情有危险情况。利已:要停止,立即停止,停止做此事,然后才有利。
若占得此爻,你正做的事情一定有危险,要停止,不要再做。

九二:舆说辐。

舆说(tuō)辐:表示这辆车甩掉了绳索。这条绳索是绑着车身及车轮的。这条绳索甩掉了,车子便不能行。象征你和别人合作,而这人并不合作,和你脱离联络,那么合作的事情便不可能成功。

九三:良马逐,利艰贞。日闲舆卫,利有攸往。

良马逐:你追逐一件事情,就要找一头好的马来供你驰骋。利艰贞:利于这件事是艰难的,但是是正当的。正当的事而有艰难的情况,都是有利的。日闲舆卫:你每日要闲,闲即练习,练习驾驶那辆车。舆是那辆车,要保护那辆车,要在日间练习,来保证这辆车子的安全能够持续。利有攸往:这样去某地才有利。

良马逐表示你要有一匹好马供你策骑。事情是正当的,虽然艰难,但会有利。象征做此事并不容易,有艰难,但艰难之中会有利。不过你要常常练习驾车,然后才利于去某地。象征做此事并不容易,很艰难,但艰难之中都会是有利的。为此,你要有良好的工具,熟用你的工具才可以成功。

六四:童牛之牿,元吉。

童牛即是小牛。牿:驾在小牛上的横木,用来制止牛去斗,用角伤人。元吉:这样便大吉。

一头小牛有条横木驾在它的颈项上,这样便是好的,即是代表有控制。要对那些年轻的人有控制,这样便是好。

六五:豮豕之牙,吉。

豮豕(fén shǐ):豕就是猪,豮豕就是被阉了的猪。阉了的猪的牙是好的。

占得此爻,你所问的事是好的。但高亨认为这种解法不很通顺。所以他说这牙字,可能在古时被当作一个猪圈。被阉的猪的伤口很容易擦伤,如果用猪圈围着它,不让它四处走动,这样便可以保护它的健康,这样便自然是吉了。这解法也可以成立。

上九:何天之衢,亨。

何天之衢:何以这条路好像天那样阔大亨通。

若占得此爻,你想做的事是很宏阔的,好像天那样宽阔,好让你去发展。高亨有另一解法,他说不是这样的。何天之衢:何即荷,负荷即承受;承受天的衢,即承受天的庇佑,所以就亨通。以上两种解法都通,占得此爻,即来问事的人,他的事情极有前途,并且得到上天之庇佑,所以一路都是亨通的。

27. 颐 ䷚

山雷颐。长养,应顺自然而和悦。

《杂卦传》:颐,养正也。(此如不吃野味来求滋补。)

颐:贞吉,观颐,自求口实。

颐:养生食物,等于营养。贞吉:如果是正当的,养生食物就是吉祥的,是好的。观颐:看着别人吃东西,满口食物。自求口实:自己亦找一些好东西来吃。

即是说,我们不要只羡慕别人有好的东西,自己亦要自求有好的成就。

初九:舍尔灵龟,观我朵颐,凶。

舍尔灵龟:(你这个问卦人)舍弃灵龟的肉都不吃。观我朵颐:来看着我吃满口的东西。凶:这样便不好。因为你自己有这样好的灵龟肉都不吃,却来看着我吃,这样你便不会吃饱。另一种解法是,你有什么疑难的事,你舍弃灵龟的卜卦,而听我的口乱说话,这样一定就是凶了。

若占得此爻,你自己要反省一下,要用自己的智慧,不要完全听别人的话。

六二:颠颐,拂经于丘,颐,征凶。

颠颐:颠字解作调整,颠颐即是调整那些养生的食物。拂经于丘,颐:拂经即不依照通常的道理来调整那些养生食物;于丘,颐:走上山找食物。贞凶:这样的做法就是不好,一定有凶了。

(王按:此爻辞可解为,抬高下巴,大摇大摆走到山丘的高地。)

六三:拂颐,贞凶,十年勿用,无攸利。

拂颐:不用养生的食物,不用一些正当的养生食物。贞凶:一定是很凶了。十年勿用:你这个方法,十年都无用。无攸利:是完全没有利益的。因为拂颐即是不用正当的养生食物,违反(拂即是违反)正当的养生方法。

(王按:拂颐亦可解作掌掴。)

六四:颠颐吉,虎视眈眈,其欲逐逐,无咎。

颠颐:调整养生的食物。吉:正当的,好的。虎视眈眈:好像一只老虎往下注视。其欲逐逐:继续地调整。无咎:这样便不会有错了。

(王按:颠颐亦可解为将下巴抬高。)

六五:拂经,居贞吉,不可涉大川。

拂经:违反经常的道理,本来是不好的。居贞吉:但他后来改变自己的生活使之成为正当的,便变成是吉。不可涉大川:但暂不要渡河过海。

上九:由颐,厉吉,利涉大川。

由颐:由于选择养生的食物。厉吉:很严格地选择就是吉,所以吉祥。利涉大川:而且利于过河渡海。所以选择养生的食物要很谨慎,提防吃错食物。

(王按:"由"意为任由。)

28. 大过 ䷛

泽风大过。甚为过分,大的过失。

《杂卦传》:大过,颠也。(处事颠倒无主,亦可解作处大事过分。)

大过:栋桡,利有攸往,亨。

大过:意思是很大的过失,很大的过错。栋桡(náo):栋就是造房子的栋梁,很重要的栋梁;桡即是弯曲了。栋梁弯曲了,房子便会塌下。利有攸往:一定要搬往别处才会有利。亨:若你能够及早搬往他处,便会亨通。

初六:藉用白茅,无咎。
祭祀天神的时候,就用白色的茅草来垫着祭品,这样便无咎。有敬神之意,就没有什么过错了。

九二:枯杨生稊,老夫得其女妻。无不利。
枯杨生稊(tí):那棵杨树已枯了,但忽然生了嫩枝出来。老夫得其女妻:象征年老的男人得到一个少女做其妻子。无不利:这样便没有什么不利。
若此爻是问婚姻就很容易解。若问生意,就可以这样解:这盘生意就等于枯杨,即做得很差,而是能够得到一些新的股东加入,就无不利。

九三:栋桡,凶。
栋桡:当房子的梁柱弯曲了。凶:房子即将塌下,当然是凶了。
若问生意,即他那盘生意几近破产。

九四:栋隆,吉,有它吝。
栋隆:这根栋梁很高,不是弯曲,而是高。吉:所以很吉祥。有它吝:但可能亦有些意外,吝指有些困难。

九五:枯杨生华,老妇得其士夫,无咎无誉。
枯杨生华:枯了的杨树忽然生了一些花儿。老妇得其士夫:象征一个已经结过婚的妇人得其士夫,即能够嫁给一个年少的男子。
无咎无誉:没有什么过错,亦没有什么名誉。

上六:过涉灭顶,凶。无咎。
过涉灭顶:过解作错,错在过河不知河的深浅便过去;灭顶即那些水浸过了头,浸死了。所以是凶。无咎:怀疑这两个字是多余的。既然是灭顶,是凶了,那怎样还可以无咎呢?所以这两个字是多余的。但亦有人解释无咎,即是说不要再责骂他了,他已经过涉灭顶了,你再责罚他又何必呢。

若占到此爻,问卦人的事情是非常之危险。灾难已经发生了,很难摆平。

29. 坎 ䷜

坎为水。危险,暗坑。

《杂卦传》:坎,下也。(处于陷险卑下之地,因为水流向下,故说为下。)

习坎:有孚,维心亨,行有尚。

这坎卦,上是坎,下亦是坎,故此是双重的坎。坎卦就是象征有危险。所以占得此坎卦,即是有危险的情形。

习坎:双重的危险。有孚,维心亨:但你要有信心;维心即维持你的定的心,这样便在危险中得到亨通。行有尚:你若这样做,有尚,即是有别人说你对。尚是赞成,这种行为是得到别人赞同的,是对的。

初六:习坎,入于坎窞,凶。

习坎:双重的危险。入于坎窞(dàn):此人已陷入一个深坑里。窞:很深的意思。凶:很危险,有凶象。

若占得此爻,此人已陷入危险的情况。

九二:坎有险,求小得。

坎有险:这深坑有危险。求小得:但若你下到坑内去拿点东西,就会在险中得到些少收获。

六三:来之坎坎,险且枕,入于坎窞勿用。

来之坎坎:这人来到深坑里。险:这个深坑很危险。且枕:陷了下去。勿用:不要。

若你遇到此爻,就什么都不要做,不可以有所行动。

六四:樽酒簋贰,用缶,内约自牖,终无咎。

樽酒簋(guǐ)贰:即是说此人闭于斗室,他的家人送些酒饭给他吃。樽酒:用樽来盛酒。簋是碗。用缶(fǒu):缶是瓦器。意思是用瓦器来盛菜肴,用樽来盛酒。内约自牖(yǒu):牖为窗口,从窗口送入亦从窗口拿出来。终无咎:结果没麻烦。

(王按:此爻所言应有故事,疑为文王被囚之状。)

九五:坎不盈,衹既平,无咎。

坎不盈:坎是深坑,不盈是没有满。衹(zhī)既平:衹是小山丘,把小山丘的泥弄平,然后填进深坑里。以有余补不足的意思。

上六:系用徽纆,寘于丛棘,三岁不得,凶。

系用徽纆(mò):这个人是犯人,被政府囚禁了,用黑色的绳索捆绑着。绳是黑色的绳。寘(zhì)于丛棘:困于监狱中。三岁不得:三年都没有放他出来。凶:这人的情形真是凶了。

30. 离 ☲

离为火。光明,热力。

《杂卦传》:离,上也。(因为火向上燃,故说为上,所以人能向上则吉,不求上进则凶。)

离:利贞,亨,畜牝牛,吉。

离:解作美丽。他的美丽,是附在物件的身上,即一个人的美德,只有附在他身上而显出他的美丽。利贞:利于正当的事务。亨:亨通。畜牝牛,吉:养母牛便好,因为母牛性格温柔,这些牛对你是有利的。

如果占到这卦辞,即是说你能够做正常的事务,就属于美丽,有美丽的情形,这个是利人、利物的,就能够亨通。如果养母牛,就更加能得到好处。

初九:履错然,敬之无咎。

履错然:履是对鞋;错是金黄色花纹。

这个人,穿着金黄色花纹的鞋,古时以金黄色为最高贵。显示这是一个很高贵的人。所以要尊敬他,便不会有错。

六二:黄离,元吉。

  黄离:黄色的美丽,美丽的黄色。元吉:很大的吉兆。黄色是吉祥的颜色,象征一个人有好的德行,表现出来,这便是大吉。

九三:日昃之离,不鼓缶而歌,则大耋之嗟,凶。

  日昃(zè)之离:即将日落的时候,那种美丽景象,是在于天际,但很快便会完结。不鼓缶而歌:如果你还不及时行动,去敲些瓦器来唱歌。则大耋(dié)之嗟:大耋即到了年纪大时,耋即老人的意思。年纪大的人应该及时行乐,不要等到完全失败的时候,便有嗟叹了,这个象征是凶象。

九四:突如其来如,焚如,死如,弃如。

  突如其来如:突然间来到,来得很突然。焚如:更将他放在火上烧。死如:或者将他来煮死。弃如:好像将他放弃。

  这一爻可能是说,有些不孝的儿子被父亲赶出家门,忽然间回来。又或者被政府编去充军,那些犯人忽然间再回来,再追他,用火烧、煮死,或者舍弃他。

六五:出涕沱若,戚嗟若,吉。

  出涕沱若:这人流眼泪流得很厉害,流得很多。出涕即是流眼泪。沱:很多。戚嗟若:很忧心的叹息。本来又哭、又忧心、又嗟叹,是不好的,何解是吉呢?

  这一爻暗示这个人在困难之中,但有人来救他,可以转祸为福,逢凶化吉,所以占到这一爻是好的。

上九:王用出征,有嘉拆首,获匪其丑,无咎。

  王用出征:君王带兵去打仗。有嘉拆首:嘉是好的消息;拆首是牵敌人的头,打胜仗,牵敌人的头。获匪其丑:获是俘获,俘虏敌人,敌人叫做"丑",俘虏敌人回来。无咎:无灾难。

  这一爻如果是将出征,一定打胜。如果问另外的事情,如去某地做事,就会有所收获,即出去外面做事,就会得到好处。

31. 咸 ䷞

泽山咸。感动,感情。

《杂卦传》:咸,速也。(速,动作不久,如爻辞"咸其拇""咸其腓"等,都不是久久不舍。)

咸:亨,利贞,取女吉。

> 咸:解作感动,男女的感情属于咸。亨:亨通。利贞:利于正当的事情。取女吉:如果娶女做妻,是吉的,是好的。
> 这个咸卦的意思是男女恋爱时候的卦。咸,亨:男女都有感情,亨通。利贞:利于正道的情感,不是邪道。取女吉:娶这个女子来做妻子是吉的。

初六:咸其拇。

> 咸:感动。拇:脚趾。我的解法:如果照男女恋爱的程序来说,即是大家开始行一行,将出行。感动到脚趾(咸其拇),大家出来行一行。高亨解咸字用另外一个意思。说古代的咸字即是砍伐树木、砍伤的意思。如果占到这一爻,这个人会砍伤脚趾。与这一卦的主旨多少有些分别。我认为男女相悦,大家有感情,解作恋爱的程序可能好些。咸其拇:大家用这脚趾一起去行一行。

六二:咸其腓,凶,居吉。

> 咸其腓(féi):腓即是小腿。凶:不好。居吉:即是不要去远的地方。不要动用小腿来行,即是说大家初初相识,不要去远的地方。居吉:不如留在家中好些。即是说,恋爱的时候不能太放纵,要保守些。

九三:咸其股,执其随,往吝。

> 咸其股:动用大腿,即行远些。执其随:一路跟着那个做决定的人,他说去哪儿便去哪儿。往吝:如果这样,就不是太好了,有困难,即男女之间某一个做决定,你唯有听命跟着他走,似乎有些艰难,不太好。

九四:贞吉,悔亡,憧憧往来,朋从尔思。

贞吉:是正当的事情,好的,如果问正当的事情是好的。悔亡:无事情后悔。憧憧(chōng)往来:往来憧憧,很密,不停地,不绝地往来。朋从尔思:朋友也是同你一样的想法。好像恋爱进一步,进一步地频频往来,而且大家的思想也是相同,恋爱已是进一步。

九五:咸其脢,无悔。

咸其脢(méi):动用背脊。无悔:不会悔恨,可能是行得远,男的要背着这个女子,或者买了东西男的要背着。无悔,不会悔恨,一一照做。

上六:咸其辅、颊、舌。

动用他的口及舌。恋爱已经成功。能够感动到辅、颊、舌,即接吻的阶段。

这个卦以男女恋爱的程序来解,似乎较合理,如果照高亨的意思,是斩伤脚趾,又斩伤背脊,没什么意思。大家占卦的时候可以就此研究一下。

32. 恒 ䷟

雷风恒。持久,经常。

《杂卦传》:恒,久也。(长久,永远,此如夫妻之感情。)

恒:亨,无咎,利贞,利有攸往。

恒:解作永久。时间长为之恒。亨:亨通。无咎:无错,无罪过。利贞:利于正当的事情。利有攸往:而且利于去某地。

如果占到恒卦这个卦辞,所问的事情便是好的、有利的。如果问可否去某地呢,亦好。(利有攸往。)

初六:浚恒,贞凶,无攸利。

浚(jùn)恒:把井再掘深,或者把坑渠掘深。浚恒,用很长的时间来掘深。贞凶:就不是太好,是凶。何解呢?因为用太长时间,掘得太深,这个井便会塌,河床也会崩溃。所以掘河、掘井都是对的,但不能花太长时间,不能太深。无攸利:如果你用太长时间及掘得太深,无利益。

如果占到这一爻,就要看所问何事,但做什么事都要适可而止,不能花太长时间。

我以前代朋友占得此爻,他想买一间房子,向我求占,遇到此爻,我说这爻有凶字,这间房子不好,不好的原因,很可能是房子下有水沟而且很深,房子可能会进水,不要买了。后来他查察这间房子,又到工务局查档案,果然,地底下有很多水,时常浸上地面。《易经》卦辞真是如此奇妙!

九二:悔亡。

无后悔的东西,后悔将去。

你问什么事情都好的,都不会有后悔,是好的多。

九三:不恒其德,或承之羞,贞吝。

不恒其德:这个人的道德不能恒久,会变迁的。或承之羞:要承受羞耻,做些不德的事。因为不能恒久守着德行,故此,有不德的地方,要受人的羞耻。贞吝:很困难,前途会十分困难。

如果占卦占得这爻,就要详细些考虑,因为这个人不恒其德,不能够坚守他的德行,是会变的,会做不德之事。

九四:田无禽。

田:田猎,去打猎。无禽:捉不到禽兽。想做什么都无收获。

六五:恒其德,贞;妇人吉,夫子凶。

恒其德:这人恒久守他的德行。贞:正当的。妇人吉:如果占到这一爻,女人是吉的,是好的。夫子凶:丈夫就不大好。何解呢?恒其德,坚守他的德行,不改的。女人便一定要有贞操,有这行为,恒其德,妇人是有德的。夫子凶,男人是不好的。因为男人做事要因时制宜,有时要改变一下,如果太过固执,会有不测。所以占到这爻时,要保持一定标准的德行。女人就最好。男人太过固执便有些凶象的。

（王按：爻辞两句分读，故妇人吉，夫子凶，与恒其德无关。九二与六五相应，故利女不利男。且原卦为少女配少男，六五变为九五，则成少女与长女，此亦丈夫之凶。）

上六：振恒，凶。

振恒：振动很久。振动得过久就不好。这个有一定道理。劳动得太久会伤身体；如果用兵用得久，兵又会大败。所以，每一样事情都不能持续过度，太久可能会有弊端，有凶。

（王按：《说文》解振为救，恒救故凶。）

33. 遯 ䷠

天山遯。退让。

《杂卦传》：遯，退也。

遯：亨，小利贞。

遯（dùn）：意思是退遁，退隐、逃避都是遁的意思，即"跑路"。亨：亨通。小利贞：贞解作正当。如果这退隐是比喻在朝廷做官，应该要退隐，那么正正当当地退隐，有些小利。

初六：遯尾，厉，勿用有攸往。

遯尾：遯，退遁，退遁到最后的人，便"厉"，有危险。勿用有攸往：不要去往其他地方，因为怕被人看到追你。

"遯尾"，高亨有另外解法，他将"遯"字当作古时的"豚"字，即小猪，遯尾即小猪的尾。古时的人，为了让所养的小猪快速增肥，会割掉它的尾巴，比喻如果做别人的尾巴，跟人尾就一定不好。厉：就会有危险，所以不要去往其他地方，这亦解得通。

占得此爻，所问的事情用哪一个解才对，不妨比较一下。不过，"遯尾"即退遁退到尾这个解法，似乎较适当。

六二：执之用黄牛之革，莫之胜，说。

执之用黄牛之革：他抓到一个人，用黄牛的皮革来绑住他。莫之胜，说（tuō）：但不能绑到，绑不紧，被他逃脱了。

若占得此爻,即是说你可能抓一个人,却绑不到这人,他逃走了。

九三:系遯,有疾厉。畜臣妾,吉。

系:绑住,用绳来绑住他。遯:让他走了。有疾厉:但他是有病的,故此很危险。畜(xù)臣妾,吉:能够有男的助手及女的助手来帮助他走,扶持他,是吉。

(王按:畜便不是系,故吉。)

九四:好遯,君子吉,小人否。

好遯:喜欢退休,喜欢退隐。君子吉:有才德的君子,他会喜欢退隐。小人否:但是少有才华的人,不会喜欢退隐。否:不喜欢退隐。这是一解法。

高亨的另一种解法是,他又将"遯"当"小猪"解。好遯:将小猪赠送给别人。君子吉:对于富有的人,是好的,因为他有钱,把猪送给别人,无所谓。小人否:小人是庶民,没钱的人,要送猪给人,就变成浪费,要花很多金钱,不方便了。

九五:嘉遯,贞吉。

嘉遯:嘉即喜庆、喜事,退休是一件喜事。贞吉:如果这退休是正当的,吉祥。这是字面的解法。

高亨另解,他说遯是小猪,如果将小猪当礼物来贡献给别人,便是吉祥之象。

上九:肥遯,无不利。

肥遯:这个肥字,我解是很富有,弄到很多钱,退休。无不利:无不利的地方。

高亨另解,遯是豚。他说这小猪,养肥了它就要屠宰,做美味的食物,给人利用,故此无不利。

另有一种解法。"肥"字当作"飞"字,飞一般退休,亦是有利的。

三种解法,看你占卦时所问的事情是怎样的,可用三种解法中的一种来解吉凶。

34. 大壮 ䷡

雷天大壮。强壮,勇健。

《杂卦传》:大壮,止。(原文"大壮则止",大壮与遯反对,遯是退,大壮便是不必退,故说为止。)

大壮:利贞。

> 大壮:强壮。利贞:利于正常的心理和事务。如果你所问的东西是正常的,是有利的。所谓正当是合乎正道。

初九:壮于趾,征凶;有孚。

> 壮于趾:他的脚趾非常强壮。征凶:如果你打人、出征就有凶,不好。有孚:孚是信心,你虽然有信心,但都是凶的。
>
> (王按:壮于趾,即是止于趾,故征则凶。另句:有孚,即对行动有信心。是即今虽不征,但征意已决。趾止而不动。)

九二:贞吉。

> 贞吉:你所问的事情符合正道,一定是吉利的。

九三:小人用壮,君子用罔,贞厉。羝羊触藩,羸其角。

> 小人用壮:普通人、平常人是用强力,恃持强力去犯法。君子用罔:用法律去制裁犯法的人。贞厉:虽然是很正常的方法,依然有危险。何解?羝(dī)羊触藩:他的强力好像一只公羊碰到藩篱,用竹来编织藩篱,羊用角斗下去,伤了角。恃持强力的平常人如公羊般去触篱,碰到藩篱处,宁愿"羸其角",伤了角也会做。所以,虽然用法律来制裁,也是有危险性的。
>
> (王按:用壮,以止为用,即不作为;用罔,即罗为己用。)
>
> 如占到这爻,你就要小心。因为对方是恃着强力,虽然用正当的方法防犯,也是有危险性的。

九四:贞吉,悔亡,藩决不羸,壮于大舆之辐。

> 贞吉:你所问的事符合正道,就一定是吉利的。悔亡:亦不会有后悔的事情。藩决不羸:这藩篱决了,崩溃了。不羸:但是没有伤及

羊的角。壮于大舆之辐:它的壮力达到大车的车轮之处。

这头公羊,如果你不制裁它,它就会蚕食你里面的东西,这头羊一定要制裁。

(王按:藩止于舆辐,故不赢。)

六五:丧羊于易,无悔。

丧羊于易,无悔:丧失了羊亦觉无悔,不需要后悔。古时有一个故事,商朝有一位国君叫做亥,他去易国养牛养羊,但羊被捉了去,亦都是无后悔。

上六:羝羊触藩,不能退,不能遂,无攸利,艰则吉。

公羊碰到藩篱处,双角给藩篱困住。不能退:无法退。不能遂:不能前进。无攸利:无利益。艰则吉:经过艰难以后,某人来解救它,就吉了。

若占得此爻,所问的事情是进退两难,无利益,经过艰难的时候,有人来帮助你,就会有吉。

35. 晋

火地晋。进步,进取。

《杂卦传》:晋,昼也。(晋的卦象是太阳出于地上,是即日升,故说为昼。)

晋:康侯用锡马藩庶,昼日三接。

晋:前进。康侯用锡马藩庶:这卦辞是说周朝的故事。康侯:周武王的弟弟,封于康邑,所以叫做康侯。藩庶:很多,他打仗掳回很多马。藩庶:很多马。锡(cì)马:将马贡献给周武王。昼日三接:一日之间打胜三次仗。"三接"即三次接触都赢。这个是说康侯打仗时赢三次,虏得很多马,将马贡献给周武王。

或解为用国王所赐(锡)的马来配种,一日间配三次。

初六:晋如,摧如,贞吉,罔孚,裕,无咎。

晋如,摧如:前进和摧毁敌人。贞吉:是吉利的。罔孚:但对敌人不要讲信用,不要讲信实。裕:宽待他。无咎:不会有错。

这爻辞,即对敌人方面,摧毁敌人,不需要认真守信实,不过要宽待他,就不会有错。

六二:晋如,愁如,贞吉,受兹介福,于其王母。

晋如:前进。愁如:这愁字即进迫这敌人。贞吉:进迫这敌人,是符合正道的,一定得到吉利。受兹介福,于其王母:而且得到祖母的赏赐,得到一个福报。

(王按:愁如可解为思虑。一边前进,一边思虑。)

六三:众允,悔亡。

众允:众人都答应,都允许,也信。悔亡:就不会后悔,得到众人的信心和应允,故此无后悔的事情。

九四:晋如鼫鼠,贞厉。

晋如鼫(shí)鼠:前进似松鼠。贞厉:非常之危险,真真正正是危险的。

何解呢?因为人若像松鼠那样窜动,随时会有倾跌之虞。

六五:悔亡,失得勿恤,往吉,无不利。

悔亡:你所问的事情不会有什么后悔的。失得勿恤,往吉,无不利:不必顾虑(恤),未来发展吉利,没有不好的事发生。

上九:晋其角,维用伐邑,厉吉。无咎,贞吝。

晋:前进。角:野兽用其角攻击人,这处解作用其精锐兵来进攻敌人。维用伐邑:用兵攻打所属小国。厉吉:厉是危险,但吉,是好的。无咎:没有麻烦。贞吝:但行此事则实在不圆满。

36. 明夷 ䷣

地火明夷。黑暗,光明受遮蔽。

《杂卦传》:明夷,诛也。(明夷的卦象是太阳下山,渐渐不见太阳,有如诛灭。)

明夷:利艰贞。

明夷有两个意思。第一个意思,将明夷两字拆开解。明:太阳,夷:落了。明入地中,太阳隐入地中,黑了。另一解法,明夷是一种雀。这处解作太阳没入地下,等于一个人若遇着困难暂时隐避、隐逸。利艰贞:如果是艰难而又正当的事情,是有利的。

从整个卦辞来解,明夷比喻一个贤人陷入艰难时候,但在这艰难时候都能守正道,能守正道便有利。

初九:明夷于飞,垂其翼,君子于行,三日不食,有攸往,主人有言。

明夷于飞:好像明夷雀飞起。垂其翼:但受了伤,一只翼垂了下来。君子于行:象征君子逃走以避难,避难出行。三日不食:三日无东西吃。有攸往:往人家处乞食。主人有言:主人说了不好听的话,故此亦不食。

若得此爻,指这人可能有困难,要逃走以避难,而且粮食不够,这爻不吉利。

六二:明夷,夷于左股,用拯马,壮吉。

夷于左股:这只明夷雀伤了左股。象征这人受伤,要避难。用拯马:于是要用拯马。拯马:阉了的雄马。壮吉:这只壮马可以帮助他避难,故此是吉。

若得此爻,象征这人有困难,要避难,但亦有人帮助,故吉。

九三:明夷于南狩,得其大首,不可疾贞。

明夷:太阳入地下。象征贤人有困难,为小人所害,于是向南面前行。得其大首:结果捉到反对他的领袖。不可疾贞:所以人是不可妒忌或嫉恨正人君子的。疾:嫉恨。贞:正人君子,正人君子结果是胜利的。

(王按:"不可疾贞"亦可解作不可急速行事。)

六四:入于左腹,获明夷之心,于出门庭。

入于左腹:腹不是肚,是山洞。避难君子走进了左边的山洞,觉得可在此住。获明夷之心,于出门庭:达成明夷退隐心愿。因他离开家门时,希望找到一个地方达成退隐心愿,现在得到这山洞便满意了。

若占得此爻,问卦的人将有灾难,要找地方避难。

六五:箕子之明夷,利贞。

箕子之明夷,利贞:箕子退休,退休是正当的,所以结果有利。这处有一故事:箕子是商朝的人,是纣王时的人,纣王嫌他劝谏自己不要做伤害人民的事,纣王怒,便贬箕子为奴隶。箕子为奴隶时,仍有危险,便装作疯癫,用漆涂身,打散头发,像癫狂人一样,纣王见他这样,便再投他入狱,直至周武王打败纣王,才放他出来。所以箕子有难而退休、退避,结果有利。

占得此爻,问卦的人有困难、有灾难,但虽然有灾难,一样要行正道,结果是有利的。

上六:不明,晦,初登于天,后入于地。

不明:太阳落山。晦:黑暗。初登于天,后入于地:太阳最初升起时,升得天那般高,后来落入地下,黑暗了。表示问卦人的情形不怎么好,初期非常光明,后来入于黑暗阶段。

一九四一年日军占领香港时,我占了一卦,日军这次发动侵略战争,侵略东南亚各国,结果如何?胜败如何?得此明夷卦,初爻同上六动。初爻说"明夷于飞,垂其翼,君子于行,三日不食,有攸往,主人有言"。我解为:明夷于飞,垂其翼,即日本空军一定被挫败。君子于行:好人应要避难。三日不食:粮食不够,我逃到澳门避难,直到打完仗。

上六说"不明,晦,初登于天,后入于地"。日本最初气势升到天上那般高,后来走入地下,结果日本空军不济,终于被美国投下两颗原子弹于广岛及长崎,日本便投降。日军初期占领很多地方,节节胜利,初登于天,后来失败投降。我占得此卦,实在非常灵验。

37. 家人

风火家人。家庭,内部力量。

《杂卦传》:家人,内也。(家人为内,妇女主家事。)

家人:利女贞。

> 家人:讲家庭的事。利女贞:妇女、女子守正道,家人自然有利。
> 若占得此卦,即家中妇女个个守正道,所以家庭有利。

初九:闲有家,悔亡。

> 闲有家:家中有设防,防盗贼,防火灾,防是非。如果家庭有此防备设施,便不会有悔恨的事情了。

六二:无攸遂,在中馈,贞吉。

> 无攸遂:不会走失。在中馈:在家中管理食物的地方。贞吉:行得正当,故吉利。
> 这爻谓主妇在家中主持食物的管理,不会浪费、失漏,所做是正当的,故此得到吉利。

九三:家人嗃嗃,悔厉,吉,妇子嘻嘻,终吝。

> 家人嗃(hè)嗃:嗃嗃,热得很辛苦,即是家规很严,守很严厉的家规觉得很辛苦。悔厉,吉:似乎很严重,但是吉的。守家规觉得辛苦,但是吉的。妇子嘻嘻:如果妇人、子女整日嘻笑玩耍。终吝:结果就有困难。不如守家法,比较吉利。
> (王按:嗃嗃,今广府人尚存此词,唯"嗃嗃声"俗已写为"咭咭声"。)

六四:富家,大吉。

> 富家,大吉:这家庭非常富有,大大吉利。
> 这问卦人一定十分富有,大吉。

九五:王假有家,勿恤,吉。

> 王假有家:"假"为"徦"的假借,指至、到。《说文解字》:"徦,至也。"君王前往探问平民的家庭。勿恤,吉:不用担心,对你是吉利的,比喻政府派人探访你的家庭,你不用担心,一定有好处给你。

上九:有孚威如,终吉。

> 此人有信心,有威严,结果得到吉利。

38. 睽 ☲☱

火泽睽。反对,阻力。

《杂卦传》:睽,外也。(睽主外,与外人相隔离,故此与家人卦反对。)

睽:小事吉。

> 睽:互相乖离,不合作。小事吉:这情形做小事情便吉,但大事不成。因为人与人之间乖离,不合作,故此只可以做小事。

初九:悔亡。丧马勿逐,自复。见恶人,无咎。

> 悔亡:没有悔恨。丧马:不见了的马。勿逐:不用追寻。自复:自然会返来。见恶人,无咎:如果遇到恶人,不需要怕,无事的。

九二:遇主于巷,无咎。

> 遇主于巷:这人作客他乡,在巷中遇到主人,主人自然招待他。无咎:当然没有灾难,无问题。

六三:见舆曳,其牛掣,其人天且劓,无初有终。

> 见舆曳(yè):见到一个车夫想拉车向后。其牛掣:但其牛不动。其人天且劓(yì):结果驾车的人仰面朝天跌倒,伤了鼻子。无初有终:初期有困难,最终解决了,有结果。
>
> 三爻的爻辞说你想退后,但有人要前进,结果你被拉倒,伤了鼻子,最初是不好的,但结果都能办到。
>
> (王按:或解"天"为截发之刑;"劓"是割鼻之刑。)

九四:睽孤,遇元夫,交孚,厉无咎。

> 睽孤:离家出走的孤子。遇元夫:遇到大夫。交孚:这大夫又与他谈话,大家有信心。厉:颇严厉。无咎:但结果没有灾咎。
>
> (王按:元夫即是长者。)

六五:悔亡,厥宗噬肤,往何咎。

> 悔亡:没有事可悔恨。厥宗:在祖宗的庙中祭祀。祭祀完后,噬肤,即食肉。祭祀完祖宗后,食猪肉,有这么好的待遇,你去又有

什么问题、有什么麻烦呢?

上九:睽孤,见豕负涂,载鬼一车,先张之弧,后说之弧,匪寇婚媾,往遇雨则吉。

睽孤:离家出走的孤儿。见豕负涂:见到一头猪躲于路旁。载鬼一车:看见一辆好像坐满鬼的车。先张之弧:初时十分惊慌,拿弓欲射。后说(tuō)之弧:后来没有射到。"说"通"脱",放下。弧:弓。匪寇:看清楚后才发觉原来不是鬼亦不是盗贼。婚媾(gòu):是来谈婚事的。往遇雨则吉:如果遇到下雨便更加吉利。这个离家出走的孤儿,遇到讲婚媾的人,如果又能踏上婚媾之路,便如愿以偿了。

39. 蹇 ䷦

水山蹇。困难,烦扰。

《杂卦传》:蹇,难也。(困难,阻滞。)

蹇:利西南,不利东北,利见大人,贞吉。

蹇(jiǎn):困难的事情。利西南:利向西南方行。不利东北:不利向东北方行。利见大人:主张去见上级大人。贞吉:如果所问的事是正当的,符合正道,则一定是吉。

若占得此卦,谓现在有困难,向西南方做工较有利,不要去东北。见有势力的人,做符合正道的事便一定吉。

初六:往蹇,来誉。

往蹇:往他人处会有困难。来誉:不如等别人来找自己就有好处。

占得此爻即不主张你往他人处,等人来你处会比较好。

六二:王臣蹇蹇,匪躬之故。

王臣蹇蹇:大臣向君王劝谏遇到困难。匪躬之故:但他们这样做,不是为自己,是为人君、为国家而已。

占得此爻表示,你的下属想你不要做一件事,劝得很艰难,但他们不是自私,只是为了你自己的好处而已。

九三：往蹇,来反。

> 往蹇：你去他人处有困难。来反：反之,如果别人来找你,则是喜事,无困难。
>
> (王按："来反"即是返回来。)

六四：往蹇,来连。

> 往蹇：你去他人处有困难。来连：反而别人来找你却会有更多联系,有联络。
>
> (王按："连"可解作纠葛。)

九五：大蹇,朋来。

> 大蹇：当你遇到重大困难。朋来：会有朋友来帮助你。

上六：往蹇,来硕,吉,利见大人。

> 往蹇：你去别人处有困难。来硕：不如等别人来找你会有更多好处、益处。吉：是好的。利见大人：而且利于你去见上级的人。

40. 解 ䷧

雷水解。解散,解释。

《杂卦传》：解,缓也。(此与蹇卦反对,困难阻滞得以缓解。)

解：利西南,无所往,其来复吉,有攸往,夙吉。

> 解：解脱,解除,解开,解释。利西南：占到这解卦,即谓去西南方向有利。无所往：最初似乎没有什么地方去。其来复吉：后来返回来是好的。有攸往：再去其他地方。夙吉：很早已有吉祥现象。解卦卦辞即谓你所问的事对于你来说西南方有利,初期无甚进展,但后来是好的。有攸往,也是好,即两个吉字。占得此卦,应该是好的。
>
> 1980年,我为亲人占卦,问应否投标香港新法院内电话通讯系统。占遇此卦,知道其公司之西南面正是新法院,方向对,又有两个吉,因此参与投标,结果投标成功。但其他投标者反对此结果,因此政府要重新招标,然而结果仍是我的亲人中标,且后来生意

愈做愈好,非常有利。无所往:初期不成功。其来复吉:后来再做,就是好的。有攸往:后来果然做了那笔生意。夙吉:很好,赚大钱。

所以文王卦是非常奇妙的。

(编者按:详参本书下篇"冯氏占验六例"之例六。)

初六:无咎。

无咎:无问题,无过错。

若占得此爻,就一切都无问题,没有过错。

九二:田获三狐,得黄矢,贞吉。

田获三狐:在田里打猎,得到三只狐狸。得黄矢:得到金箭头。即非常之好及吉利。

若占得此爻,一定有收获,吉祥。

六三:负且乘,致寇至,贞吝。

负且乘:这人坐车仍背着物件,证明这人所背之物件很贵重。致寇至:引致贼人垂涎。贞吝:真的很困难。你坐在车上,应放下物件,但你仍然背着它,令人觉得那物件一定很贵重,致引来盗贼,就真正是困难了。

九四:解而拇,朋至斯孚。

拇:法律制度,或是个人订下之规矩。解而拇:解除你的法网或自定的严格规矩,从宽去对待朋友。朋至斯孚:朋友自然对你有信心。即等于国家将严厉法网解除一下,令平民舒服,对你有信心。

(王按:解而拇即是猜拳。)

六五:君子维有解,吉,有孚于小人。

君子维有解:一个有才德的君子,应该解雇那些没有才德的职员,自然是吉。有孚于小人:令部下、职员信服你。因为你所解除的人,都是无才德的。

(王按:维有解,有束缚都解脱,故能取信于小人。)

上六:公用射隼于高墉之上,获之,无不利。

想要得到的东西,一定得到,一定有利。

公用射隼(sǔn):这人射鹰隼。于高墉之上:在一座高城墙上射鹰隼。获之:射到那只鹰。无不利:无不利的地方。

占得此爻即谓你想要的东西一定能得到,一定有利。

41. 损 ䷨

山泽损。损害,损失。

《杂卦传》:损,衰之始也。(因为损而致衰落,所以见有小损即须警惕。原文为:"损益,盛衰之始也。")

损:有孚,元吉,无咎,可贞,利有攸往,曷之用,二簋可用享。

损:减损或损害。有孚:要有信心。元吉:大吉。即谓占此卦者对你那件事有信心,是吉。无咎:无过错。可贞:正道。如果你问的事是正道的,可以去做。利有攸往:利于去某个地方。曷之用:盛食物用什么?二簋:用两只碗盛食去祭祀天神。可用享:可以拿这些祭祀用的食物去祀天。

若占得此卦,对于你所问的事,你要有信心,如此,自然是吉,无过错。那件事如果是符合正道的,可以照做,同时要还神,用两只碗盛祭品去祭祀天神,令其赐福给你。

初九:已事遄往,无咎,酌损之。

已事遄(chuán)往:办完事情,从速去某个地方。无咎:这样便无错。酌损之:但要考虑过速是否会损害你的工作。

另,高亨之解法:"已"应为"祀"。祀事遄往:祭祀的事应从速去做,如此神灵便会降福给你,不会有罪过。酌损之:对于祭品方面,酌量减少亦可。以上两种解法都通。

九二:利贞,征凶,弗损,益之。

利贞:利于做符合正道的事。征凶:如想征伐他人或国家。凶:不好。弗损,益之:你不但损害不到别人,反而对别人有益。

若占得此爻,要小心,你如果想去惩罚一个人,你不但不能损害他,反而会助益了他。

六三:三人行则损一人,一人行则得其友。

三人行则损一人:三人同行可能会损失一个人。一人行则得其友:但一个人行可能得到朋友来帮助你。何解?此谓如果有事发生,三个人同行,三个人的意见未必相同,那个意见不相同的人便会离开,所以损失一个人。一人行则得其友:单独一人行,如果有事发生,你自己一个人出主意之后去做,在旁的人会同意你的做法而去帮助你,于是你就得到一个朋友。

六四:损其疾,使遄有喜,无咎。

损其疾:令此人疾病减少,减少痛苦。使遄有喜:令他快些有欢喜,无病。无咎:是无过错的。可尽快使自己有欢喜,没有大错。

六五:或益之十朋之龟,弗克违,元吉。

或益之十朋之龟:有人想买龟,卖龟人要十朋。朋:两个贝壳(周朝之钱币),十朋,即二十个贝壳,卖家要二十个贝壳才卖。弗克违:买家觉得价钱很相宜,无法抗拒,结果买了此龟。元吉:大吉。买到这龟十分吉利,因为龟可用来占卦。

上九:弗损,益之,无咎,贞吉,利有攸往,得臣,无家。

弗损:没有做损害人的事。益之:做有益于人的事。无咎:没有过错。贞吉:做这些正当的事,自然得吉祥。利有攸往:利于去某个地方或有事做。得臣,无家:你可得到一个孤独无家的人做你的仆人。

若占得此爻,问卦的人是一个好人,他没有做损害人的事,而且做有益于人的事,故此他一定得到吉祥,同时得一个孤身无家的人来做他的奴仆。

42. 益

风雷益。利益,收获。

《杂卦传》:益,盛之始也。(原文参考《杂卦传·损》:"损益,盛衰之始也。"得益,渐渐即能兴盛。)

益:利有攸往,利涉大川。

  益:争取利益,帮助人。利有攸往:如果你占得此卦,你所去往的地方是有利的。利涉大川:而且利于过河渡海。

  若占得此卦辞,你往哪里去都有利,而且可以去远方。

初九:利用为大作,元吉,无咎。

  利用为大作:利于大作为。元吉:大吉。无咎:无过错。

  若占得此爻,你有什么大规模的计划都可以去做,是吉的。

六二:或益之十朋之龟,弗克违,永贞吉,王用享于帝,吉。

  或益之十朋之龟:有一个人卖龟,要十朋,即二十个贝壳才卖。弗克违:因为价钱便宜,买家无法抗拒,于是买了它。永贞吉:永远行于正道一定是好的,吉。王用享于帝,吉:这个王祭祀上帝是吉的。

六三:益之,用凶事,无咎,有孚,中行,告公用圭。

  益之,用凶事:这爻暗示古时殷朝一个故事。有一个慈善家某公,遇到人家有困难,有灾难事情,于是便去帮助他。无咎:这样做没有错。有孚:所以人们对他有信心。中行,告公用圭:中行,人名,大概是殷国人。当时殷国有灾难,中行去告诉这慈善家,殷国有灾难。圭:白玉。中行用白玉做礼物,去求慈善家某公给予帮助。(王按:中行,亦可解作依中庸之道而行。)

六四:中行告公,从,利用为依迁国。

  中行告公,从:中行求助于慈善家某公,某公知道他们有灾难,答应给予帮助。利用为依迁国:于是帮助他们将首都迁往其他地方。

九五:有孚惠心,勿问,元吉,有孚惠我德。

  有孚惠心:有信实之人,人们有顺从之心。勿问,元吉:不用问,大吉。有孚惠我德:而且人们对他有信心,顺从此人之德行、道德。

  若占得此爻,问卦的人有信实,其他人对他有信心,所以做任何事都是大吉、吉祥的。

上九:莫益之,或击之,立心勿恒,凶。

莫益之:无人帮助他,此人或者不甚好。或击之:而且有人攻击他。立心勿恒:所以应该永远不要坚持己见,如果坚持己见,这样是凶,是不好的。

43. 夬 ䷪

泽天夬。决断。

《杂卦传》:夬,决也,刚决柔也,君子道长,小人道忧也。(决是冲去的意思,如水流决堤。现在是刚克制了柔,故行正道时不宜于退让,虽有困阻亦能除去,故说"君子道长,小人道忧"。)

夬:扬于王庭,孚号有厉。告自邑,不利即戎,利有攸往。

夬:决定。扬于王庭:因军人有功,所以升职到朝廷做事。孚号有厉:但是君王认为他所发的号令是有危险的。告自邑:果然有邑人来相告,说有紧张情形。不利即戎:但是不应该马上兴兵去打,否则会有不利。利有攸往:但利于有所往或派人去讲和,这方法会较好。

若得此卦,你可能会升职,但上级认为你的措施可能会有危险,因此要小心防避。

(王按:扬于王庭是一事,告自邑为另一事。)

初九:壮于前趾,往不胜,为咎。

壮于前趾:前面的脚趾很强壮。往不胜:但前往打仗未必胜。为咎:可能会酿成灾难。高亨解"壮"字为"戕"字,即伤了,前面的脚趾伤了,脚痛。往不胜:如果你仍然去打仗,一定不会取胜。会有灾难。这解释比较合理。

(王按:"壮"仍应解为"止",故往不胜。)

九二:惕号,莫夜有戎,勿恤。

惕:警惕。号:大叫。莫(mù):晚上。莫夜有戎:晚上似乎有兵或贼。勿恤:但不用担忧。你大声呼叫就不会有麻烦。

九三:壮于頄,有凶。君子夬夬独行,遇雨若濡,有愠,无咎。

頄(kuí):颧骨。壮于頄:伤了颧骨。有凶:有些灾难。君子夬夬独行:这个有道德的君子决定外出避难。遇雨若濡:但遇着下雨,衣服湿了。有愠:怒,有不快之心。无咎:但没有大碍。

(王按:壮于頄,即事情逼近眼前。)

九四:臀无肤,其行次且,牵羊悔亡,闻言不信。

臀无肤:表示问卦的人可能犯罪,政府施以刑罚,所以臀无肤——打到臀部皮肉脱落。其行次且(zī jū):行得不安定,不能前进。牵羊悔亡:他送羊给当权的人,因而没有悔恨。闻言不信:他所以受此刑罚,是因为不信他人之言。

如果占到此爻,是不好的,可能有受伤,或者会不见一头羊。不听人言,故得此灾难。

(王按:臀无肤与牵羊为二事。)

九五:苋陆夬夬,中行无咎。

苋(xiàn):苋菜。陆:陆地。夬夬:决定。中行无咎:行中间路线不会有错。

这解法好像不合道理。"苋"字类似"宽"字,"陆"字类似"睦"字,即是说宽待、宽容他人,与人和睦相处。中行无咎:行中庸之道,就不会错。这解法较为合理。"苋""陆"两字应为错字,实为"宽睦"。决定宽恕、和睦待人,行中庸之道,无咎。占到此爻应该用中庸之道去待人。

(王按:依王弼说,苋陆是一种柔嫩的草。夬夬:弃关情累,决之不疑。)

上六:无号,终有凶。

无号:指这国家没有发号施令的能力、势力。终有凶:结果是凶,不好的。一个国家不能发号施令,其国必亡。一个家庭或一家公司的上级的号令不行,一定不好。高亨另解,"无"字应为"犬"字,古人以狗哭为凶兆。犬号,终有凶:如果狗子哭,是有凶。这两种解释都可作参考。

(王按:无号,即无声而号。)

44. 姤 ䷫

天风姤。相遇,邂逅。

《杂卦传》:姤,遇也,柔遇刚也。(无须另解。)

姤:女壮,勿用取女。

　　姤(gòu):遇上的意思。女壮:性格刚烈的女士。勿用取女:不要娶这女子为妻。为什么不要娶她为妻呢?因她性格过于刚烈,故不要娶之为妻。

初六:系于金柅,贞吉,有攸往,见凶,羸豕孚蹢躅。

　　系于金柅(nǐ):用绳缚住金属制成的刹车棒。贞吉:全心去做正道的事,是好的。即谓绳本身是柔弱的,但缚于金属棒上,比喻势弱无钱的人,依附于有权势富有的人,而受到保护,若存心是正当的,是好事。有攸往,见凶:弱者离开了保护者,走到外面的世界,便会遇上灾祸。羸豕孚蹢躅(zhí zhú):好像一只瘦猪在街上四处游荡,自然便会被捉。

　　占到此爻的人,要小心,不要舍弃安稳的地位,而去胡思乱为,因为这终会被人欺负的。

(王按:孚蹢躅,意为自以为是而行。)

九二:包有鱼,无咎,不利宾。

　　包(páo):"庖",厨房。包有鱼,厨房有鱼,明显这是一户小康之家。无咎:无过错。不利宾:但不可用鱼来招待宾客,因为招待宾客应用牛羊猪等大型牲口,用鱼则不太恭敬。另一解法是,家中有鱼吃,已没什么不好,那便不应出外作客,离开家园,不利。

九三:臀无肤,其行次且,厉,无大咎。

　　即说这人犯了罪,要受刑罚,打得臀部皮开肉烂。其行次且:行路很艰难。厉:很危险的。无大咎:无大问题,因这毕竟是轻的刑罚。

九四:包无鱼,起凶。

包无鱼:厨房中无鱼,即无好的东西吃。起凶:代表运程转差。起凶又有另一种解法,"起"即"戏",意谓家中已贫穷,还要去游戏、游荡的话,一定是凶。

(王按:包无鱼是贫穷的开始。)

九五:以杞包瓜,含章,有陨自天。

以杞包瓜:以杞树树叶包着香甜的瓜,即是将好东西收藏起来。含章:心内包含文章华采。有陨自天:有东西从天而降给你。

如根据此爻,即谓这人包含好文章而隐藏着,所以上天降福于他。有陨自天,福与祸都解得通,所以要注意上文的意思。这爻上文是好的。

曾经有朋友请我为他占卦,因为他有一个朋友应承还钱,但迟迟未还。我占得此爻,说那人已经有钱,有陨自天,天上自然有东西降下来,即不久那人应该会还钱给你,结果不久,那人便还钱给我的朋友了。

上九:姤其角,吝,无咎。

姤其角:遇到有力的强人来跟你作对。吝:艰难。无咎:但无大碍,不会受损害。

45. 萃

泽地萃。萃集。

《杂卦传》:萃,聚也。(即是集合之意,原文:"萃聚而升不来也。")

萃:亨,王假有庙,利见大人,亨,利贞,用大牲吉,利有攸往。

萃:聚集之意。亨:亨通。王假有庙:君王亲身前往宗庙主祭先人。利见大人:利于去见上级的人。亨:亨通。利贞:若所做的事符合正道,一定有利。用大牲吉:若祭祀时用大牲,如牛羊等,吉利。利有攸往:利于去其他地方。

若得此卦,指你做事亨通,有重要的人帮助你,但你应去拜祭天神,答谢天神赐福。

初六:有孚不终,乃乱乃萃,若号,一握为笑,勿恤,往无咎。

有孚不终:指此人有信心但不能坚持到最后。乃乱:于是精神错乱。乃萃:于是乎憔悴(王按:亦可解作"或散或聚")。若号:哭泣。一握为笑:若向他握手,此人虽有孚不终,但破涕为笑的话,就不用为他忧心,他可前往其他地方都没有阻碍。

如照经文解释,一握为笑意指一屋的人均取笑他,他虽有信心但不能坚持到最后,精神错乱而在哭泣,但不用忧心,他只需去别的地方,还是不会有阻碍的。但我认为能和他握手而令他破涕为笑,亦是一个解法。

(王按:有孚与一握为二事。前事为不聚,后事则聚。)

六二:引吉,无咎,孚乃利用禴。

引吉:吸引到吉祥的气氛及环境,即是得到神灵的庇护。无咎:是没有错的。孚:有信心去祭祀鬼神,因鬼神对你有帮助。禴(yuè):祭祀时用普通饭菜便可,不需用大牲,如牛羊等。

六三:萃如嗟如,无攸利,往,无咎,小吝。

萃如:聚集一班人在一起。嗟如:嗟叹。无攸利:是没有利益的。往,无咎:不如去其他地方,则没有过错。小吝:可能有小小艰难。另一解法,萃如嗟如,指得病憔悴在嗟叹,这是对病况不好的,不如出外求医,这是没有错的,但是,可能会遇到小小困难。

九四:大吉,无咎。

大吉即大大吉祥。无咎:没有过错,无阻碍。

若得此卦,占到九四这爻,即所问的事非常吉祥。

九五:萃有位,无咎,匪孚,元永贞,悔亡。

萃有位:这爻有两个解法。其一,"萃"即"聚集","有位"即"有职位",指聚集所有有职位的人商讨。匪孚:"匪"字可能是误写,因为如解为无信心,是解不通的,所以,"匪"字应为"棐",古字,辅助的意思。无咎:这是没有错的。这些人互相辅助,互相有信心。"元"下面应有"吉"字,元吉:大大吉祥。永贞,悔亡:若永远依正道去做,则没有悔恨。

另一解法,萃指得病很憔悴,因职位高而工作繁重,但这没有大碍,匪孚指不会有惩罚,大吉,永远行正道亦不会有悔恨。以上两解法均可作参考。

(王按:萃有位,群聚而有位,即是人之长。匪孚,是指这群人党而不群。元永贞,是指领导这群人本然就应持正道而不失。)

上六:赍咨涕洟,无咎。

赍(jī)指携带,咨指钱财、财物。涕洟(yí)指哭泣。无咎:无大碍。这爻意谓一个贵族因被降职或失位而在哭泣,携带着钱财去其他地方。虽然失去位置,但幸好有钱财,拿着钱去他方,可以安享生活,所以没有大碍。

(王按:古人解赍咨涕洟为叹息声,其声如泣。)

46. 升

地风升。升扬,得人提拔。

《杂卦传》:升,不来也。(原文见《杂卦传·萃》,萃、升二卦反对,故"萃聚而升不来也"。不来即是说散去。)

升:元亨,用见大人,勿恤,南征吉。

升:升起、升高、上升,有进步之意。元亨:本然亨通。用见大人:应为利见大人,有利于见上级大人。勿恤:不须忧心。南征吉:向南方去为吉。

若得此卦,意思指你所问的事情有进步的可能,有高升的可能,是大大亨通,而且你如见到上级有权势的人,则有利,不用忧心,向南方去则大吉。

初六:允升,大吉。

允升:有信心就一定有进步。大吉:大大吉祥。

若得此爻,你应该有信心,事情会进步、会上升及吉祥。

九二:孚乃利用禴,无咎。

孚:有信心。爻辞谓对神灵有信心,神灵必能保佑。利用禴:利用饭菜来祭祀便可,不用杀牛羊。无咎:不会有错的。

若得此爻,意指问卦的人已有神灵保佑及帮助,故此应该去还神。

九三:升虚邑。

高升上大邑,意指城市。虚:大山。此城市建筑在大山上,登上大山上的城市,指有进步,是吉祥的情形。

若得此爻,你所问的事情会有高升之可能。

六四:王用亨于岐山,吉,无咎。

王用亨于岐山:周文王或周武王在岐山还神。吉:此乃吉祥。无咎:不会有错。

若得此爻,你所问的事情吉祥,但要还神。

六五:贞吉,升阶。

贞吉,升阶:你所做的事是正当的,符合正义的,就一定会大吉,而且会高升、升职。

若得此爻,似乎样样都好的。

上六:冥升,利于不息之贞。

冥:夜晚。升:晚上做上升的工作。

若得此爻,则指进升,故守正道,永不停息,便不断上升。

(王按:冥升是暗升。)

47. 困 ䷮

泽水困。困滞,受阻。

《杂卦传》:困,相遇也。(与险难相遇。困卦与井卦反对。)

困:亨,贞大人吉,无咎,有言不信。

困:困难。困穷或被人围困。亨:在一个困难环境之中,而能够保持自己的美德,所以就亨通。贞大人吉:所做的事依正义去做,是大人的事,是吉的。无咎:不会有错。有言不信:有时你讲的话,人家未必相信。

这句"有言不信"还有另一解法。听闻别人的评价,你觉得这个人不诚实,所以不相信他。

初六:臀困于株木,入于幽谷,三岁不觌。

臀困于株木:这一个人犯了法,被罚以木杖打臀部。入于幽谷:同时被困在监房。三岁不觌(dí):三年都不放他出来,所以三年都见不到这个人。

九二:困于酒食,朱绂方来,利用享祀,征凶,无咎。

困于酒食:这个人为酒食所困,饮食过度,似乎因此而生病。何解呢?朱绂(fú)方来:因为朝廷赏赐了一个红色的饰物给他,这种饰物是大夫才能有的,赐朱绂给他,他便设酒席庆祝,因而饮食过度,变成为酒食所困。利用享祀:他亦利用这个时机祭祀天神,酬神谢恩。征凶:如果出兵去打别人就是凶,是不好的。无咎:这两个字似乎是多出来的,因为与上文不相称。

占得此爻,应该是好的,因为得赐予饰物,应该酬谢神恩,但不要出兵攻打别人,否则就是凶。

(王按:朱绂为祭天吉服,铺于长服前。"征凶,无咎"可解为远行而从凶事,如丧礼之类,亦可无咎。)

六三:困于石,据于蒺藜,入于其宫,不见其妻,凶。

困于石:这个人在困难的环境中碰到石头而跌倒。据于蒺藜:用手抓住有刺植物时又被刺伤。入于其宫:回到家中。不见其妻:不见了他的太太。凶:不吉利。

占得此爻,很麻烦。一定有困难的事令你跌倒,想找人帮助时,遇到的却是一个小人,有刺的,又不好的,回到家中,不见了太太。这凶象十分严重。

九四:来徐徐,困于金车,吝,有终。

来徐徐:这人来得很慢。困于金车:坐金车的贵人、上级的人困阻了他。吝:有少许困难。有终:幸好结果是好的。

九五:劓刖,困于赤绂,乃徐有说,利用祭祀。

劓刖(yuè):烦闷不安的状况。困于赤绂:被上级大夫、官员困扰着,所以烦闷不安。乃徐有说:"说"通"脱",其后慢慢地脱离了这个困难。利用祭祀:脱离了困难后,便祭祀天神,感谢神恩帮你解决困难。

上六:困于葛藟,于臲卼,曰动悔,有悔,征吉。

困于葛藟(lěi):这人被葛蔓困住。于臲卼(niè wù):被葛蔓所困而烦闷不安。曰动悔,有悔:因为环境不好,碰到的都是有悔恨的事。征吉:但如果出征则是好的。即谓这个人是在困境之中,依附小人物就一定会有悔恨,如果依附好人当然是好的。如果出兵征伐,虽然遇到小小困难,但很容易克服,故此是吉。

48. 井 ䷯

水风井。水井,平静。

《杂卦传》:井,通也。(与困反对,故无险难,是谓之通。)

井:改邑不改井,无丧无得,往来井,井汔至,亦未繘井,羸其瓶,凶。

井:水井。改邑不改井:现在想改建一个城镇,但是不需要改井。无丧无得:这样做无损失亦无利益。往来井:很多人在井边来来往往取水。井汔(qì)至:到井水干涸了。亦未繘(yù)井:没有再将井掘深。羸其瓶:打破了汲水的水瓶。凶:是凶象。

得此卦者,所问的事,如改建、建设等,不会有损失,亦不会有利益,但不是好的。

初六:井泥不食,旧井无禽。

井泥不食:井里面多泥,水不清洁,不能食用。旧井无禽:这个旧井本来用作捉禽鸟(王按:此即如陷阱),但已经损坏不能用,捉不到禽兽。

两个井都没有用,象征你所问的事行不通,无论任何计划,都没有效用。

九二:井谷射鲋,瓮敝漏。

井谷射鲋(fù):在井口用箭射小鱼。瓮敝漏:射不到小鱼反而射穿了汲水用的瓶。

此爻意谓你想获得些许好处,但因你所采用的手段并不好,从而导致失败。

九三:井渫不食,为我心恻,可用汲,王明并受其福。

井渫(xiè)不食:井水十分清,但你没有饮用。为我心恻:令我们觉得不对,不忍心,凄恻。可用汲:可以汲取这井水饮用。王明并受其福:国君和精明的贤人都可以享受这个福报。

这爻的意思,是说有贤德的人在,朝廷应该任用他们,否则就心伤了。如果任用有贤德的人,国君和国家都可以得到福报。

六四:井甃,无咎。

井甃(zhòu):井里面的边沿用石头铺砌,令井水更清。无咎:人们有清洁水饮用,当然无害。

得此爻即谓你所提议的事情是好的,没有错。

九五:井洌,寒泉食。

井洌:这口井里的水很清。寒泉食:水质有如寒泉的水一样,值得饮用。

比喻这个好人、有德行的人,是应该重用的。

上六:井收,勿幕,有孚,元吉。

井收:汲完水应该收起绳索和汲水瓶。勿幕:但不要盖上井口,因为普通做法是把井口盖好,以防物件跌落井里,弄污井水,但盖上井口,亦有拒绝他人汲水的意思,所以这个好人不盖上井口。有孚,元吉:令到想汲水用的人能够汲水,有利人之心,所以别人对他有信心,是大大吉祥的征兆。

49. 革 ䷰

泽火革。改革,皮革。

《杂卦传》:革,去故也。(将原有之事更改。)

革:巳日乃孚,元亨利贞,悔亡。

革:改革,革除,革命,皮革。巳日乃孚:这卦说以前国君进行任何政治改革的话,一定会祭祀天神,将改革计划诚心告诉天神,求天神保佑他改革成功。元亨利贞:本来就亨通,利于依正道而行事。悔亡:没有悔恨。

另外一个解法,"巳"字可能是"已"字,已日乃孚,即已经将改革方法做好,故此对改革情形有信心。用"巳",祭祀的讲法较为普遍。

(王按:巳日乃孚。巳应为十二地支之巳。于巳日,改革之事获得认同,是即为"孚"。)

初九:巩,用黄牛之革。

巩:巩固,缚得很紧。用黄牛之革:用黄牛皮革来缚着一个人,他便不能脱身了。

六二:巳日乃革之,征吉,无咎。

巳日乃革之:祭祀当日进行改革的事情。征吉:征伐他人,是好的。征:以国家来说是去征伐,以个人来说是做其他事业,是吉的。无咎:无错。

(王按:仍应作地支之巳,即谓于巳日进行改革。)

九三:征凶,贞厉,革言三就,有孚。

征凶,贞厉:如果出兵去打仗,去做某一种事业,虽是正当的,也会有危险,所以有凶象。革言三就,有孚:改革的措施依民意改动三次,令人们相信。

九四:悔亡,有孚,改命,吉。

悔亡:无悔恨的事。有孚:令人有信心。改命:虽然将命令改动。吉:也是好的。他人对你有信心,即使你改变命令,也是好的。

（王按：改命是改革政命，亦即今人所谓革命。）

九五：大人虎变，未占，有孚。

　　大人虎变：那些高贵、贤能的人所穿的衣服好像老虎皮的斑纹一样。未占，有孚：你不用问亦会使人信服他的。

　　（王按：大人虎变，亦可能是大人于出征时，戴上虎首形的铜面具。未占，应解为无须看兆头，只需有信心，意为有信心即可戴上此面具。）

上六：君子豹变，小人革面，征凶，居，贞吉。

　　君子豹变：那些有道德的君子所穿的衣服有如豹皮一般花纹斑斑，很靓。小人革面：所以能够影响到平常的人都改变他们的面色。征凶：兴兵征伐是不好的，或者做某件事是不好的。居，贞吉：不如安居比较好，在家中安居，正正当当就比较吉。

　　（王按：一解，豹变是带着豹首形的铜面具，革面是皮面具。）

50. 鼎 ䷱

火风鼎。鼎器，烹调。

《杂卦传》：鼎，取新也。（去陈出新。）

鼎：元吉，亨。

　　鼎：盛饮食或酒的器具。元吉：有这鼎的人大吉。亨：有美德，亨通。

　　占得此卦，所问的事必定大吉大利。

初六：鼎颠趾，利出否，得妾以其子，无咎。

　　鼎颠趾：鼎反转了，鼎脚向天。利出否(pǐ)：利于将鼎内不洁的物件倾倒出来，喻将无用的东西排除。得妾以其子：这个人会得到一个妾侍，而这个妾侍会带来一个儿子。无咎：没有过错。

　　此爻意谓将一些无用的人或物件排除，便有利了。

　　（王按："得妾以其子"，依《周易正义》，应解为正室无子，及正室逝，其妾因有子故，乃得扶为正室。此解合理，因为古代并不以妾

085

带子来嫁为荣。)

九二:鼎有实,我仇有疾,不我能即,吉。

鼎有实:鼎里面有食物。我仇有疾:我的对头有病。不我能即:故此他不能来骚扰我。吉:因此我便可食得安心,吉祥了。

九三:鼎耳革,其行塞,雉膏不食,方雨亏悔,终吉。

鼎耳革:这个鼎的两耳脱落了。其行塞:因为没有了双耳抬不动,不能移走,本来是想将鼎和食物搬去食用,但鼎耳脱落不能抬动。雉膏不食:吃不到鼎里面的雉膏(肥的雉肉)。方雨亏悔:刚巧正在下雨,雨水下落鼎中,令鼎中肉食变坏,可谓有悔恨。终吉:结果是好的,因为虽然食品被雨水淋湿了,但只要再煮,便可食用,故此结果是好的。

占得此爻,象征问卦的人有些事情一时未能行得通,有阻隔,故此要等一下,迟些便可成功。

九四:鼎折足,覆公𫓧,其形渥,凶。

鼎折足:这个鼎的脚折断了。覆公𫓧(sù):将里面的食物倒了出来。其形渥(wò):形状十分难看,满地汪汪然。凶:是不好的。

六五:鼎黄耳,金铉,利贞。

鼎黄耳:这个鼎的耳是黄色的。金铉(xuàn):抬鼎的棒是用铜造的。利贞:这个人有此鼎的话,一定是富贵之家,故此他如能守正,是一定有利的。

占得此爻,象征问卦者是一个富贵的人,家中拥有贵重器具,如果能守正,一定有利。

上九:鼎玉铉,大吉,无不利。

鼎玉铉:这个人有一个鼎,抬鼎的棒镶了玉石,十分富贵。大吉:非常吉利。无不利:没有不吉利的地方。

占得此爻,象征问卦人大富大贵,而所问的事大吉,是有利的。

51. 震 ䷲

震为雷。雷,震动。

《杂卦传》:震,起也。(雷声动万物生起,是生机发露之兆。)

震:亨,震来虩虩,笑言哑哑,震惊百里,不丧匕鬯。

> 震:震动、震荡,打雷震动得很厉害。亨:你能够安定、镇定就可以亨通了。震来虩(xì)虩:打雷的震动令你恐慌。笑言哑(è)哑:但后来心定了,可以说笑,没问题。震惊百里:这个雷很大,震惊百里地方。不丧匕鬯(chàng):但这个主祭的人十分镇定,手中仍紧握祭器。匕:匙;鬯:盛酒的用具,是祭天的用具。
>
> 占得此卦,象征问卦人可能有外来的惊恐事情或者外来压迫的势力,初期有恐惧的心,但一定要镇定对付,就可免损失。
>
> (王按:雷震百里而闻雷镇定,是能应大自然之天道。)

初九:震来虩虩,后笑言哑哑,吉。

> 震来虩虩:打雷时的震动,令心中感觉恐惧。后笑言哑哑:后来心中定下来,可以说笑。吉:因此有吉祥之兆。
>
> 占得此爻,问卦的人初时可能有外来的可怕事情,但既然知道畏惧,镇定来对付,结果成功,故此是吉。

六二:震来厉,亿丧贝,跻于九陵,勿逐,七日得。

> 震来厉:这个雷的震荡非常厉害。亿丧贝:"亿"通"噫",这个人在叹息不见了金钱。跻于九陵:他要登上一个九重高的山。勿逐:有人告诉他,不用追逐不见了的钱。七日得:七日之后你便可得回金钱。
>
> 整个卦象说有一个人出外遇到打雷,遗失了金钱,他要上高山寻找,有人叫他不要追逐不见了的金钱,七日后便可得回。七日后果然得回金钱。
>
> (王按:亿,心安貌。此为一事。丧贝另为一事。)

六三:震苏苏,震行,无眚。

震苏苏:这个雷行得很慢。震行,无眚:这个雷对行人没有灾难,比喻外来威力来得并不勇猛,心中亦有所警惕、有所准备,因此可以无灾难。

(王按:震苏苏即令万物苏生。)

九四:震遂泥。

震遂泥:这个雷的震荡力跌落入泥土之中,比喻这个雷的威力已经进入地下,不会伤人。

另一个解法,这个雷令人跌落泥中,象征此人受到外来威力,威胁令他惊惶不安,跌进困难境地。这个解法比较有道理。

六五:震往来,厉,亿无丧,有事。

震往来:雷的震动来来往往。厉:很危险。亿无丧,有事:幸好没有影响所办的事情。

象征一个人受到外界威力咄咄相迫,虽然很危险,但结果不会有害。

上六:震索索,视矍矍,征凶,震不于其躬,于其邻,无咎,婚媾有言。

震索索:这个雷的震动来得很迅速。视矍(jué)矍:令这个人惊惶失措,彷徨四顾,想逃避。征凶:这个人没有胆量,千万不可出兵打仗,否则一定会失败,即谓如遇到如此震荡的环境,惊惶失措,没有胆量的人如果着手做事,就会做错。震不于其躬:雷的震荡没有打到那人身上,没有过错。婚媾有言:如果问卦问及婚姻,即是说你和亲家会有言语上的争执。

我们要留意《易经》里的"征"字,第一是出兵去征伐他人,第二是去惩罚他人,第三是施行一个计划或做一件大事情,都可以用这个"征"字。同时要留意《易经》有时一个爻有两个答案,如震卦上六中,除讲震荡的事情外,有一句话"婚媾有言"说关于婚姻的事情,一个爻辞有两个答案。你如果问婚姻,只用"婚媾有言"来解释便可,不需理会上文。

52. 艮 ䷳

艮为山。停止,停留。

《杂卦传》:艮,止也。(这个"止"是不能动,与大壮的止不同,其为无须动。)

艮:艮其背,不获其身,行其庭,不见其人,无咎。

> 艮(gèn):停止,将你的注意力停止在某一处地方。艮其背:问卦的人可能只关注了他的背部。不获其身:没有理会身体其他部位。行其庭,不见其人:他已外出,所以到他的家也会找不到他。无咎:他终会回家,因此没有什么问题。
>
> 另一个解法。艮其背:终止他背上所负担的职务,即这人已经辞去他的职位。不获其身:故此你去他工作的地方找不着他。行其庭,不见其人:去他的家也会找不到他,因为他已经辞职归隐。无咎:他这样做是没有错的。

初六:艮其趾,无咎,利永贞。

> 艮其趾:停止,不前进,不会再行差踏错。无咎:没问题。利永贞:如果你能够永远行得正当,就有利。

六二:艮其腓,不拯其随,其心不快。

> 艮其腓(féi):留意他的小腿,即留意停止,不再前进。不拯其随:不要跟随其他人的意思或做法。其心不快:因为他对其他人感到不快。
>
> 另一个解法。艮其腓:这人留意他的小腿。不拯其随:他看到他小腿的肉没有增加。其心不快:因此心中不快乐。因为他希望其他一切东西都加增,但得不到,所以心中不快乐。
>
> (王按:不拯其随,依王弼解,即谓不能举动足趾,足趾随腓而动,故云。)

九三:艮其限,列其夤,厉,熏心。

> 艮其限:停止他的腰。列其夤(yín):令他的背部的肉破裂。厉:

很危险。熏心:而且心中迷乱。即谓这人只顾及他的腰而不理会背部,以至顾此失彼,令背肉裂开,十分危险,心中迷乱。

另一个解法。艮其限:停止他的腰,不弯曲,因古时的人见上级时一定要躬身行礼,这人不肯弯腰,无礼,故此招致惩罚,令他有危险,而且心中迷惑。

占得此爻,问卦人应自问是否对人无礼或对人不恭敬,从而招致惩罚。

六四:艮其身,无咎。

艮其身:照顾全身。无咎:所以他不会做错事。

(王按:艮其身,应解为止其身。)

六五:艮其辅,言有序,悔亡。

艮其辅:停止乱说话。言有序:说话时要有程序,不乱讲。悔亡:这样便不会后悔。

上九:敦艮,吉。

敦艮:对人、对事都止于忠厚、敦厚,故此每一个人都尊敬他,所以是吉祥的。

53. 渐 ䷴

风山渐。渐进,移动。

《杂卦传》:渐,女归待男行也。(女子出嫁后返回母家,等待丈夫来接。譬喻临时移居一处。)

渐:女归,吉,利贞。

渐:前进。女归,吉:这个女子出嫁是好的。利贞:你所问的事,如果正当,就一定有利。

初六:鸿渐于干,小子厉,有言,无咎。

鸿渐于干:那只鸿雁渐渐去到水边、岸边。小子厉:比喻一个小孩子走到河边,是危险的。有言,无咎:如果有大人叫他走回来,便没有问题。

占得此爻,即谓小孩儿会走到一个危险的地方,你便要劝他回来,就不会有错了。

六二:鸿渐于磐,饮食衎衎,吉。

鸿渐于盘:那只鸿雁渐渐走到盘石处,站得很安稳。饮食衎(kàn)衎:有水饮,又有鱼吃,很快乐,吉。

占得此爻,问卦的人很安稳,衣食充足,故此很吉祥。

九三:鸿渐于陆,夫征不复,妇孕不育,凶,利御寇。

鸿渐于陆:那只鸿雁渐渐走到高地,雁是水鸟,走到高地,不甚方便。夫征不复:丈夫出征没有回来。妇孕不育:妇人流产。凶:凶兆。利御寇:但对于外来的侵犯则可以抵御。

占得此爻,问卦者不甚吉祥,有麻烦,但对于外来侵犯,仍然可以抵御。

六四:鸿渐于木,或得其桷,无咎。

鸿渐于木:那只鸿雁渐渐走到一片树林处。或得其桷(jué):或者得到平坦的树木。无咎:没有大碍。鸿雁的脚是平的,如果站在圆木处是不稳的,一定要站在平坦的树木上才可以。

比喻问卦人的环境并不好,好像没有栖身的地方或者找不到职业。或得其桷即或者得到他人给予他一个好的位置,如此便无咎。

九五:鸿渐于陵,妇三岁不孕,终莫之胜,吉。

鸿渐于陵:那只鸿雁渐渐走到高山的地方。妇三岁不孕:妇人三年也没有怀孕。终莫之胜:最终没人能战胜他。吉:好的。那只鸿雁本来是水鸟,进入高山的地方,对于饮食方面不利。但在高山地方,捕捉的人也不容易射杀它,故此对外寇方面是吉。

占得此爻,比喻问卦人的妻子,可能三年都不能怀孕,本来不太好,但对于其他事情,他却处于有利的地方,所以是吉。

上九:鸿渐于陆,其羽可用为仪,吉。

鸿渐于陆:那只鸿雁渐渐走到高地上。其羽可用为仪:它的羽毛可以作为装饰。吉:这个吉字要分开来说,在人方面,得到它的羽毛做装饰品,是吉;但鸿雁丧失了羽毛,是不吉的。

根据日本一位学者的解法,如果占卦问病,占得此爻,是不好的,不要因为吉字而认为没有事,可能有很危险的情况。

54. 归妹 ䷵

雷泽归妹。出嫁,喜庆。

《杂卦传》:归妹,女之终也。(出嫁是女人的归宿。)

归妹:征凶,无攸利。

归妹:出嫁。征凶:出兵去征伐或者外出做事,凶。无攸利:无利益。

占得此卦,即谓一切都不顺利,凶多吉少,而且没有利益。如果问出嫁好不好,更加不好,暂时不嫁。

初九:归妹以娣,跛能履,征吉。

归妹以娣:大姊出嫁,妹子陪嫁。古时的姊出嫁妹陪嫁,共事一夫,妹等于侍妾。跛能履:她的脚已经复元,可以行动。征吉:所以出行有利,吉祥。

占得此爻如果不是问婚嫁,即谓他的环境现在已经好了,可以出去做事。

九二:眇能视,利幽人之贞。

眇(miǎo)能视:盲人能够再看见事物。行幽人之贞:幽人即是坐监的犯人。即谓眇能视,由黑暗恢复光明,被监禁的人如果能够守正道,有利,不久便能恢复自由。

占得此爻,无论你问任何事,都会由不好的环境改变到好的环境,由黑暗而能够得到光明,或者被人监禁而能够重获自由。

六三:归妹以须,反归以娣。

归妹以须:这个妹子出嫁,姊陪嫁(须即嫛,即是姊),姊为侍妾是不对的。反归以娣:所以这个姊姊将妹妹送返家中。

占得此爻,即谓这件事是反常的,不是正常的方法,故此是不吉利的。

(王按:可解为其姊初作陪嫁,却变成其妹反归。反归即返归,今广府语尚有此词,意为回家。)

九四:归妹愆期,迟归有时。

归妹愆期:出嫁延期。迟归有时:虽然出嫁迟了,总归是有一个时候。

六五:帝乙归妹,其君之袂,不如其娣之袂良,月几望,吉。

帝乙归妹:商王帝乙将女儿嫁给周文王,嫁周文王当然是好的,一定幸福。其君之袂,不如其娣之袂良:她当然由其妹作陪嫁,这个女子的容貌不及她妹美丽。月几望,吉:她选择的日子是在十五以后,十五至二十三都是月几望,自然吉利。帝乙嫁女给周文王是一件十分吉利的事情。

占得此爻,如问嫁娶的话,应该选择每一个月十六之后至二十二、二十三日,都是吉日。

(王按:"月几望"应指每个月的十三、十四日,即月将圆之际。)

上六:女承筐,无实,士刲羊,无血,无攸利。

女承筐:这个女子捧着一个筐。无实:漏掉了放进去的东西,装不了东西。士刲(kuī)羊,无血:这个男子想用刀刺一只羊,用羊血去祭祀,但没有血。无攸利:没有利益。即谓女子捧着一个筐,应该装些果实来祭祀天神,但这个筐却漏掉了果实。这个男子刺羊取血用来祭神,这只羊大概生病,没有血。又无实,又无血,故此完全无利益。

占得此爻,你无论做任何事情都是无利的,不要进行。

55. 丰

雷火丰。丰盛,扩大。

《杂卦传》:丰,多故也。(很多事情发生,这些事情或吉或凶。)

丰:亨,王假之,勿忧,宜日中。

> 丰:伟大,丰富。亨:亨通。王假之:君王亲自处理大事。勿忧:如果有艰难的事情也不用忧心。宜日中:有如中午的太阳一样,照耀每一处地方,整个天下都可照到。
>
> 另一个解法。亨:这个君王祭祀天神。王假之:这君王亲身去祭祀。勿忧:虽然有些为难的事情也无须忧心。宜日中:应该在中午时去祭祀天神,可以得到天神保佑。

初九:遇其配主,虽旬无咎,往有尚。

> 遇其配主:这个问卦的人遇到他的旧主人,可能是女主人。虽旬无咎:即使在这里逗留十日也没有问题,因为有主人招待他。往有尚:这样前往便是对的,有利益。

六二:丰其蔀,日中见斗,往得疑疾,有孚,发若,吉。

> 丰其蔀(bù):建一个很大的棚,用来遮挡日光。日中见斗:虽然是在中午时间,只见到很少的光。往得疑疾:这人有多疑的毛病。有孚:他如果能够对人有信心,不要多疑。发若:发挥他的光明。吉:这样便吉利。
>
> 占得此爻,问卦的人似乎有去明投暗的情形,而且非常多疑,对人没有信心,所以要改变宗旨,不要多疑,要有信心,发挥自己的光明,便自然得吉。

九三:丰其沛,日中见沫,折其右肱,无咎。

> 丰其沛:用一幅很大的布帘来遮挡日光。日中见沫(mèi):所以虽然在中午,但并不太明亮。折其右肱:可能因为黑暗而跌倒,跌断了右胳膊。无咎:但没有大碍。
>
> 占得此爻,即是说我们不要舍弃光明的路,而去走黑暗的路,否则一定有损失。
>
> (王按:古人对"沫"有两解,一解为微昧之明,一解为斗之辅星。)

九四:丰其蔀,日中见斗,遇其夷主,吉。

> 丰其蔀:建一个很大的棚去遮挡日光。日中见斗:所以虽然是中

午时候,只见到很少的光。遇其夷主:后来外出遇到一个时常见到的主人。吉:对于这件事,是好的。"日中见斗"的另一个解法:可能日间忽然日蚀,因黑暗而看到北斗星。

占得此爻,你所问之事吉,可能遇到昔日主人对你有所帮助。

(王按:"夷",古语与"怡"通,如《诗》:"云胡不夷""我心则夷"。)

六五:来章,有庆誉,吉。

来章:传来的章书,即传来的消息。有庆誉:有喜庆的意思,又有名誉。吉:吉利。

占得此爻,你所问的事,一切都是好的,吉祥的。

上六:丰其屋,蔀其家,窥其户,阒其无人,三岁不觌,凶。

丰其屋:这一间屋很大。蔀其家:造了一个很大的棚。窥其户:但探视他的门内。阒(qù)其无人:看不见有人。三岁不觌:三年都不见有人在。凶:一定是凶,可能主人全家逃亡。

占得此爻,你要小心,非常麻烦,一定有不好的情形影响你了。

56. 旅 ䷷

火山旅。旅行,作客。

《杂卦传》:旅,亲寡。(原文:"亲寡旅也。"旅于外地,是故亲寡。)

旅:小亨,旅,贞吉。

旅:旅行,作客他乡。小亨:小小的事情一定是亨通的。旅:如果你是问旅行的话。贞吉:如果正当,一定是吉。

初六:旅琐琐,斯其所,取灾。

旅行而斤斤计较(琐琐),虽为旅客,却于旅行之地亲自操劳,有如厮役,如是即为灾象。

占者须注意凡事皆应得其所,不应对大小事务都生计较。

六二:旅即次,怀其资,得其童仆贞。

怀着资财旅行,入住客舍(次),这样就比较安全。与童仆同住,因童仆正直,所以没有害处。

九三：旅焚其次，丧其童仆，贞厉。

旅客遇着旅舍失火被焚，丧失了童仆（可能是因为遇事时自己举动失措，不顾童仆，因而令其心寒），这样就有危险。

《象传》说：旅行而与童仆同居一室，不分尊卑，难怪会丧失下人的信心。

九四：旅于处，得其资斧，我心不快。

旅行而仅得暂时休息的地方（处），虽然省了费用（资斧），但并不开心，因为未能到旅舍安顿。或解"得其资斧"为找到失去的钱币，这意味着未能得其位，虽得资财亦未如意。

六五：射雉，一矢亡，终以誉命。

射雉鸡，一射便中，由是得到荣誉和任命。

占者对所占的事须有把握，进行才能得利。

上九：鸟焚其巢，旅人先笑后号咷，丧牛于易，凶。

旅客无栖身之所，有如失巢的鸟，是故其初因旅行而开心（先笑），但终于哭了起来（后号咷）。

此爻的占断，又有如"丧牛于易"的故事，是以为凶。

"丧牛于易"，或说为殷人祖先王亥的故事。王亥在有易之国作客，畜牧牛羊，但因行淫享乐而被有易的国君绵臣所杀，并取去他所牧的牛羊。

或说此爻是指周人历史上一件大事。周人受狄人所逼，要离开原居地，有如鸟焚其巢。逃难的人（旅人），原先生活得很开心（先笑），后来号咷大哭，所养的牛都转入（易）狄人之手，此事大凶。

两说以后说为佳，占者应防备受压力、竞争而招重大损失。

57. 巽 ䷸

巽为风。通达，顺应。

《杂卦传》：巽，伏也。（巽的卦象是风吹于地上，故说为伏。顺便说一句，今人解巽卦，只解为风吹，未说为吹于山上，抑或吹于地上。）

巽:小亨,利有攸往,利见大人。

  占遇此卦,主小得通顺,有所往可得利,见有地位的人(大人)有利。然而却应顺应人事,因为这是"巽"的基本意思。

初六:进退,利武人之贞。

  犹豫不决,难于取舍(进退),这时便须作一决断,有如军队打仗时的态度。

  占遇此爻,须果敢而行,随机应变。

九二:巽在床下,用史巫纷若,吉,无咎。

  躲伏在床下,可能是遭到祸难。延请巫师纷纷闹闹地做祈祷,这样即可吉利,也没有什么不妥。

  占遇此爻,须深切反省,诚心悔过(这才是祈祷的意义)。

九三:频巽,吝。

  依顺别人,可是却皱起眉头("频"即"颦"),如是即为不当。遇事即有困难。

六四:悔亡,田获三品。

  不再懊悔了,打猎得到三个品种的猎物。

  占遇此爻,是有成就的象征。有成就,当然对自己的作为无所悔。

九五:贞吉。悔亡,无不利。无初有终,先庚三日,后庚三日。吉。

  占问正事(光明正大的事),吉。

  一般来说,此爻主无所尤怨(不懊悔),无有不利。事情虽没有好的开头,却有好的结果。自庚日前三日(丁日)至庚日后三日(癸日),七日期间即见吉利。

上九:巽在床下,丧其资斧,贞凶。

  躲伏在床下,丧失钱币,那一定是遇着强盗,占问的事得凶象。

  若据《象传》的说法,则释"贞凶"为"正乎凶也",即主张巽伏(顺伏),如是则丧其资斧而已。如果客正(伸张,反抗),就会变成凶事。

58. 兑 ☱

兑为泽。水泽,喜悦。

《杂卦传》:兑,见。(植物初露苗芽,是名为见。)

兑:亨,利贞。

水泽之地,利于农牧,所以得此卦象主亨通,利于守正。

占遇此卦以守护既得利益为宜,不宜冒昧进取。

初九:和兑,吉。

和顺喜悦,是以为吉。

若依《象传》,则占者有受人疑之象,虽受疑而依然和悦,这样就得吉利。

九二:孚兑,吉;悔亡。

以诚信(孚)而得喜悦,吉,先前虽有烦恼亦自消除。

六三:来兑,凶。

有人来刻意讨好取悦,这是凶事。亦有将"来兑"解释为前来求兑于人,那就是自己向人献媚。占者可就所问的事而取义。总之,无论是人向自己讨好,或自己讨好他人,都是凶象。

九四:商兑未宁,介疾有喜。

跟别人商议一件开心(喜悦)的事,却有异议,别人泼冷水,由是令自己想深一层,知道毛病之所在,知道有什么后遗症。这样便是喜事。

占遇此爻,以听取别人的异议为宜。

九五:孚于剥,有厉。

对剥蚀之言(如小人献媚讨好的话)生信,即有危险。

上六:引兑。

牵引以为悦,即是用示意来求取喜悦,例如示意他人送礼等。《象传》说:"未光也",即认为这是见不得光的事。

占者须引以为戒。

59. 涣 ䷺

风水涣。散涣，缺乏凝聚力。

《杂卦传》：涣，离也。（离散。）

涣：亨，王假有庙，利涉大川，利贞。

　　力量虽涣散，但因为毕竟有力量，所以亨通。国君来到宗庙，商旅一同涉渡大河，都成为凝聚力，如此等事，即利。即利于正事，利于具号召力、令人附和的事。

初六：用拯马壮，吉。

　　用阉割过的马（拯马），马虽壮而易于指挥，是故为吉。这是指善于用有利因素，去除不利因素。

九二：涣奔其机，悔亡。

　　水流涣散，但若水能冲洗台阶（机），亦没有什么不好。《象传》说："涣奔其机，得愿也。"那就是说坏事变成好事。

六三：涣其躬，无悔。

　　用涣散的水来冲洗身体，没有什么不好。

　　占遇此爻，须善于利用。

六四：涣其群，元吉。涣有丘，匪夷所思。

　　将小圈子解散（涣其群），十分吉利。这如同涣散的水流聚于山丘之下，因涣散反而凝聚，真的不可思议，非平常思虑所能及。

　　本爻有革新的意味。

九五：涣汗其大号。涣王居，无咎。

　　大声呼叫（大号），出一身汗（涣）。冲洗王宫，没有不妥。

　　这是说清除积弊，占者须注意此义。

上九：涣，其血去逖出，无咎。

　　血去逖（tì）出，是除去忧恤、忧患之意。由于散涣、疏远，反而能令忧患离去，是故没有缺憾。这即是清除瘀血之意，瘀血须令其散去，甚至流出来，似乎不妥，实在无憾。

60. 节 ䷻

水泽节。节制,节度。

《杂卦传》:节,止也。(此处之"止",是节制的意思。)

节:亨。苦节,不可贞。

行事有节度,懂得分寸(节制),即可亨通。是故宜建立制度。然而若制度令人觉得不便,以制度为苦,那就是制度不宜,不可称之为正。

初九:不出户庭,无咎。

知道出外有害,是故不出家门,即无过失。这即是随宜节制之意。

占遇此爻,切戒胆大妄为。故《象传》说之为"知通塞也"。

九二:不出门庭,凶。

连户内的门庭都不出,节制太甚,等于把自己关在房门之内,是故为凶。《象传》说之为"失时极也",即是说太过失去时机。

六三:不节若,则嗟若。无咎。

倘如不懂得节制与节度,则只能换来叹息。这时,又能怨谁呢?故《象传》说:"不节之嗟,又谁咎也!"

占遇此爻须知制度,懂得分寸,否则坏事。

但亦有人解释"嗟若"为后悔,不节而后悔则仍可无咎。若依此解,则遇事须加反省,且加改过,方可顺利。

六四:安节,亨。

安于制度,安于节制,则可亨通。

占遇此爻宜守旧不宜开创。能守本分,自然亨通。

九五:甘节,吉,往有尚。

甘于节度,则成吉事。这样下去必能得到奖赏(尚)。又,"往有尚",或解释为将得到尊重。

占到这一爻,应耐心等候时机。

上六:苦节,贞凶。悔亡。

苦于节度,则虽正亦成凶事。《象传》说:"苦节贞凶,其道穷也。"所谓"其道",即指其自以为正而言。

故占得此爻,必须深刻检讨是否自以为是,尤其是对上司、尊亲不满,对制度不满,对公司决策不满时,切戒自以为是而妄行造作。爻辞又说"悔亡",是指能自知"苦节"即无懊悔。

61. 中孚 ䷼

风泽中孚。诚信,虚心。

《杂卦传》:中孚,信也。(处事有信用,无欺无诈。)

中孚:豚鱼吉,利涉大川,利贞。

若能虚心,则如豚鱼之能知风信,遇事定能虚心受益而不失时机,这样自然吉利。是亦利于涉渡大河,如舟之虚心,是故能渡。利于占问正事。

或解释此爻为:若能诚心,则虽用豚鱼薄祭亦得吉利。此说未尝无理,但其义较短。

初九:虞吉。有它不燕。

若能安心(虞),则吉。倘若有其他的想法(有它),则得不到安宁(燕:安)。

占遇此爻,须如《象传》所说:"虞吉,志未变也。"即安于现状,不可妄图改变。

九二:鸣鹤在阴,其子和之。我有好爵,与尔靡之。

鹤在树荫里鸣叫,它的小鹤也随着鸣叫,互相应和。我有好酒,跟你一起慢慢享受(靡:留恋。留恋地享受)。

《象传》说:"其子和之,中心愿也。"即是说小鹤和鸣出自衷诚。

由是知衷诚与留恋即是这爻的寓意。

六三:得敌,或鼓、或罢、或泣、或歌。

遇到敌人,有人鼓舞、有人疲惫、有人哭泣、有人唱歌。

遇敌而各各反应不同,都出于心中的情绪,毫无掩饰地表露出来。

然而这却未免举止不当,甚至张皇失措。

占遇此爻,须顺应着自己的地位来作反应。

六四:月几望,马匹亡。无咎。

将近月圆(几望),却未能令马匹配。这虽不好,亦无大碍。

或解"马匹亡"为失去马匹,然而此解却未必正确,在周代,恐无称马为"马匹"之例。同时《象传》说:"马匹亡,绝类上也。"上,指本爻上面的九五爻,与本爻本来阴阳相比,有匹配之象。"亡",即未能匹配,故说"绝类上"。

九五:有孚挛如,无咎。

彼此以诚相系(挛:系),自然没有不妥。

占遇此爻,须坦诚处事,不可玩弄手段。

上九:翰音登于天,贞凶。

翰音即是山鸡啼鸣,鸡啼而致自认为啼声上天,便是自鸣太甚,自视过高。如是即缺乏虚心以处事,主凶。

62. 小过 ䷽

雷山小过。稍为过分,小的过失。

《杂卦传》:小过,过也。(处小事过分。)

小过:亨,利贞。可小事,不可大事。飞鸟遗之音,不宜上,宜下,大吉。

处事可稍过其分,亨通,利于进行。然而小事可稍过分,大事却不宜过分。此如鸟飞过后留下来的声音,居于鸟上则听不见,唯位于鸟下的人才可听闻,由是可知处事宜谦下而不宜高傲,这样虽稍过其分,亦可大吉。

怎样是稍过其分呢?《象传》举出三个例子来说明:行为可以稍为过分谦恭("行过乎恭");丧事可以稍为过分悲哀("丧过乎哀");用度可以稍为过分节俭("用过乎俭")。行为稍为过分谦恭无非拘谨;丧事稍为过分悲哀,亦不致于伤身;日常花费稍为过分节俭,亦无非是自俭。

初六：飞鸟以凶。

过分得像飞鸟那样，一味高飞，那就不是稍为过分了，处事如此，主凶。

占遇此爻，务须留意自己过分的程度。

六二：过其祖，遇其妣；不及其君，遇其臣，无咎。

事业或功业胜过祖父，跟祖母却不可违背。事业或功业不及国君，亦不可跟其臣子违背。

事业胜过祖父，是外事；若违背祖母，则是家内之事。于家内逞强，未免太过分。

臣子自然不能对国君过分，因此也不可超越臣子的本分，以无论如何皆不能超越国君之故。

分内外、尊卑处事，便没有不妥。

九三：弗过防之，从或戕之，凶。

未有过失（弗过），便应该防备着。假如放纵（从）的话，便可能戕害了他。如此处事则凶。

占遇此爻，宜防患未然。

九四：无咎。弗过遇之，往厉必戒。勿用永贞。

如此处事则没有不妥；未有过失，便不违背他；若他日发展到有犯错的危险，便一定要告诫他。所以不可永远持着一种态度来处事。

（王按："弗过遇之"，即处事而不过分（超越），上六之"弗遇过之"即为未处事即欲过之，故此两爻处事的态度相反。）

六五：密云不雨，自我西郊。公弋取彼在穴。

西郊密云满布而未雨，这是事情正在密锣紧鼓的关头。贵族（公）去射鸟，却在穴中得到，而不是射中。这意味着，事情并不像酝酿阶段时所想象的那样。

占遇此爻，可以放心进行所酝酿的事，有意外收获。

上六：弗遇过之，飞鸟离之凶。是谓灾眚。

未曾接触过（"遇"解为"接触"），便去超越他。上卦为震卦，上六变动则成离卦，离为鸟，互卦为泽风大过，故飞鸟遇凶。此飞鸟之凶，即为"弗遇过之"。

如果由文字义理来解释，"飞鸟离之凶"便是由于飞鸟未遇见过罗网，便以为能飞过罗网，因此被网而凶，这便是灾祸了。

63. 既济 ䷾

水火既济。已成事，已成定局。

《杂卦传》：既济，定也。（局面稳定，无须更作。）

既济：亨，小利贞。初吉、终乱。

  事情已成定局，顺利。然而此仅利于进行小事。因为凡所谓成定局，于成定局之初必以为吉，但事情不断变化，若以为已成定局、一定不变，并由此来处事，最后则反成乱局。（是故处大事即有所不宜。）

  《象传》说："君子以思患而豫防之。"便是认为既成定局之事，仍然有变化，须因应改革以防流弊丛生。

初九：曳其轮，濡其尾，无咎。

  凡牛马拉车，用力则尾巴扬起。如今于渡小河时，牛马拉车而浸湿尾巴，那是因为它不用力。然不用力而车能行，证明河道无险阻，是故没有什么不妥。（这即是"小利贞"之例。）

  或解为：拉动车轮，打湿了车子的后部。此解亦可参考。

六二：妇丧其茀，勿逐，七日得。

  妇人丢失她的头巾，不必去找，七日后自然得到。

  （王按：此爻有成定局之意，唯属小事，是故利贞。）

九三：高宗伐鬼方，三年克之。小人勿用。

  殷高宗（殷商的一代国君）攻打鬼方，经过三年，打败了它。（这是大事，攻克鬼方自然是"既济"，亦即成事，但虽然胜利，却正应防患未然，不能认为鬼方从此不为祸。）若小人（平庸的人）占遇本爻,则因所进行的都必然是小事(跟国家打仗相比是小事),便不宜进行(勿用)。否则事情徒然旷日持久,而且十分艰苦(大如打仗)。

六四:繻有衣袽,终日戒。

冬天穿的棉衣[繻(rú)]露出了棉絮[袽(rú)],那就要在日落时(终日)小心(戒)。因为日落后天气转寒,穿棉絮败落的棉衣可能受寒。

占遇本爻,须从小处加以观察。

九五:东邻杀牛,不如西邻之禴祭,实受其福。

东邻(指殷商)杀牛,厚祭神祇,不如西邻(指西周)只用饭菜来祭神,可以得到神的庇荫。这因为东邻常做坏事,而西邻则行事合理,所以虽薄祭亦可得福。

占遇本爻,应反省自己的处事是否正大,尤其是与人竞争,须留意人际关系。

上六:濡其首,厉。

涉水渡河却被河水浸湿了头发,危险。这即是一见险象即须警惕。《象传》说:"濡其首,何可久也。"事情不可能永久不生变化,一见变动,便须应变,不可因循。

64. 未济 ䷿

火水未济。未成事,未成定局。

《杂卦传》:未济,男之穷也。(局面未稳定,男子事业未成,穷困之象。)

未济:亨。小狐汔济,濡其尾,无攸利。

未成事,但事情顺利。

小狐涉水渡河,浸湿了尾巴,虽无危险,可是却未能完成渡河,是故无所利益。

占遇本卦,事情未得成功,然而却并非坏事,只需随机应变。

初六:濡其尾,吝。

水浸湿了尾巴,阻滞。

这是承接卦辞的意思来说。《象传》说:"濡其尾,亦不知极也。"即是说因有阻滞而致事情不能完成。

九二:曳其轮,贞吉。

拉着车轮(未渡河),处事吉利。

(王按:既济、未济二卦,因为"济"有渡河的意思,所以常拿渡河涉水来作比喻。占辞虽未明言,实有此义。)

六三:未济,征凶。利涉大川。

未渡过河,行动凶险(征:行动)。然而实在利于过河,即使涉渡大河亦利。

这即是说,虽然有凶象,好像事情不能成功,不过实在可以成功。

九四:贞吉,悔亡,震用伐鬼方,三年有赏于大国。

进行的事吉利,无有懊悔。因恐惧与警惕(震)而去打鬼方族,先发制人,防患未然,三年后即受大国所赏。这是指周人伐鬼方,受殷商赏的故事。

六五:贞吉,无悔。君子之光有孚,吉。

进行事情吉利,没有懊悔。君子所为,如光辉照耀,自然令人信服。吉利。

占遇本爻,必须行为正直而且谦顺。

上九:有孚于饮酒,无咎。濡其首,有孚失是。

喜欢饮酒,没有不妥。可是饮酒饮到头发都被酒浸湿,这样的喜欢便有过失了。

《象传》说:"饮酒濡首,亦不知节也。"即是说凡事须有节度,不宜放纵。

下 篇

一、《左传》筮事十三则研究

王亭之 著述

《春秋》是一本编年史书,依鲁国国君年号次序编年,每年记载各国的大事,但记载得非常简略,因此便需要为之作"传",也即是依其所载的史实作详细说明。《春秋》共有三传,以鲁国史官左丘明所作最为流行。

左丘明的传即称为《左传》,于《左传》中,记有依《易》而筮的筮事十三则,其中有一事两筮者一篇。由这些筮事可以看出,春秋时代的易筮情况,史官如何依卦象及卦爻辞来作占验。以《周易》为例,其卦爻辞实依象数而说,非与今人说《周易》卦爻辞不依象数同,今人实在不知道象数其实已含在卦爻辞中,也可以说,象数其实是卦爻的本体,卦爻辞只是表达这些本体的言说。

今引述《左传》所记的筮事,于讲述时,会说明这些筮事的来龙去脉。这样做,目的是令读者先知卜筮之所为,由是即可知卜筮所依者为象数,同时亦知依卦爻辞时,亦须依其深意,而非徒依文字。这样,就为学习象数易打下了坚实的基础,而不陷于迷信。古人说"善易者不占",意思即是善易者能依《周易》所含的中正之道而行事,那就根本不必占卜,如何得知易道,于学习象数易时即可了解。

1. 陈厉公筮公子完出生(庄公二十二年)

【传】

陈厉公,蔡出也。故蔡人杀五父而立之,生敬仲。其少也,周史有以《周易》见陈侯者,陈侯使筮之,遇《观》之《否》。曰:"是谓'观国之光,利用宾于王。'此其代陈有国乎。不在此,其在异国;非此其身,在其子孙。光,远而自他有耀者也。坤,土也。巽,风也。

乾,天也。风为天于土上,山也。有山之材而照之以天光,于是乎居土上,故曰:'观国之光,利用宾于王。'庭实旅百,奉之以玉帛,天地之美具焉,故曰:'利用宾于王。'犹有观焉,故曰:'其在后乎。'风行而着于土,故曰:'其在异国乎。'若在异国,必姜姓也。姜,大岳之后也。山岳则配天,物莫能两大。陈衰,此其昌乎。"

【按】

筮得风地《观》卦,六四爻变动,变为天地《否》卦。应依《观》六四爻辞作占,其卦象如下:

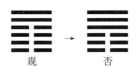

《观》六四变为《否》九四。《观》六四爻辞:"观国之光,利用宾于王。"

【占验】

陈桓公继位,不久即被弑,陈废公立,陈桓公少子妫林又弑陈废公,自立为陈庄公,其时公子完未得封地,只封为大夫。

陈庄公在位七年后去世,其弟杵臼继位,是为陈宣公。陈宣公晚年立宠妃之子为太子,太子御寇与公子完交好,陈宣公忌之,于是杀死太子御寇。公子完逃到齐国,齐桓公封他为卿,他不肯受,因此得到齐桓公的敬重。公子完改姓田,是即田完,为田姓始祖。于春秋时"田""陈"两字同音 tán,因为田地陈列成阵,是故两字亦相通。今时,闽南话尚将"陈"字读 tán。

五世后,田桓子在齐得势,其时陈国初亡,及至八世,陈亡国,田成子得主齐国政,寻且得成国君,齐国本姓姜,于是改为田姓。

2. 毕万筮仕于晋(闵公元年)

【传】

初,毕万筮仕于晋,遇《屯》之《比》。辛廖占之,曰:"吉。《屯》

固《比》入,吉孰大焉?其必蕃昌。《震》为土,车从马,足居之,兄长之,母覆之,众归之,六体不易,合而能固,安而能杀。公侯之卦也。公侯之子孙,必复其始。"

【按】

筮得水雷《屯》卦,初九爻变动,变为水地《比》卦。应依《屯》初九爻辞作占,其卦象如下:

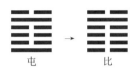

《屯》初九变为《比》初六。《屯》初九爻辞:"盘桓,利居贞,利建侯。"

【占验】

毕万后来果然到晋国做官,那时戎狄不断侵略鲁国,渐渐影响到齐国与晋国。齐国于是帮助晋国出兵,毕万充当晋侯的车右,灭了耿、霍、魏三国,于是赐毕万管理魏国。当时有卜筮家卜偃说:天子管理兆民,诸候管理万民,现在毕万的名字有万字,而且封于魏国,魏就是巍巍高大的意思,所以毕万的后代一定昌盛。果然,毕万的后人便占领了魏国而成诸侯。

3. 鲁桓公筮成季将生(闵公二年)

【传】

　　成季之将生也,桓公使卜楚丘之父卜之。曰:"男也。其名曰友,在公之右。间于两社,为公室辅。季氏亡,则鲁不昌。"又筮之,遇《大有》之《乾》,曰:"同复于父,敬如君所。"及生,有文在其手曰"友",遂以命之。

【按】

本例为先卜后筮,卜为龟卜,筮才是易占。筮得火天《大有》,九五爻变动,变为兼天《乾》卦,用《大有》六五爻辞占断。

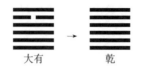

《周易》之《大有》卦六五爻辞:"厥孚交如,威如,吉。"此占未用《周易》。

【占验】

季仲是鲁桓公的幼子,长兄是太子同,余外便是庆父、叔牙、季友,分别为孟孙氏、叔孙氏、季孙氏的始祖。

鲁桓公去访问齐国,跟妻子文姜一同前往,有人劝止,桓公不理。到了齐国后,文姜跟她的哥哥齐襄公私通,被鲁桓公发觉,责备文姜。接着齐襄公宴请鲁桓公,宴罢,命公子彭生驾车送鲁桓公回馆,桓公便死于车中。

齐襄公引兵驻在鲁国边境的山头,请太子同宴会,季友建议称病不往,这样才在陈国的帮助下立为国君,是为庄公,统治了鲁国三十二年。

庄公死后,齐国便立鲁闵公来承继君位,因为他的母亲叔姜是齐国的公主。叔姜还有一个姐姐,名叫哀姜,她是庄公的妻子,与庆父及叔牙私通,所以二人非杀鲁闵公不可,于闵公二年,闵公被杀,季仲于是携闵公之子逃之邾国,但庆父亦受鲁国人反对,所以逃到莒国。季仲于是回国立闵公之子太子申为君,是为鲁僖公。这样就应验了"同复于父,敬如君所"之占。

4. 秦穆公筮伐晋(僖公十五年)

【传】

晋饥,秦输之粟;秦饥,晋闭之籴,故秦伯伐晋。

卜徒父筮之,吉。涉河,侯车败。诘之,对曰:"乃大吉也,三败必获晋君。其卦遇《蛊》,曰:'千乘三去,三去之余,获其雄狐。'夫狐蛊,必其君也。《蛊》之贞,风也;其悔,山也。岁云秋矣,我落其实而取其材,所以克也。实落材亡,不败何待?"

【按】

占得山风《蛊》卦,无动爻,用卦辞作占。

《周易》之《蛊》卦卦辞:"蛊,元亨,利涉大川。先甲三日,后甲三日。"此处用的卦辞是"千乘三去,三去之余,获其雄狐",未依《周易》。

【占验】

晋献公死后,立宠妃骊姬所生的奚齐为君,大夫里克不服,在守丧处将奚齐杀死,于是又立奚齐的同母弟卓子为君,又为里克所杀。晋人迎公子重耳为君,重耳不肯为,于是晋人便立重耳的亲弟夷吾为君,因为恐怕又被杀害,便求秦国出兵立他为君,是为晋惠公。

其时秦穆公的夫人穆姬嘱咐晋惠公,要他携同后母贾君回国,并且将居于秦国的诸公子迎回晋国,惠公都答应了。可是回国之后,他却与贾君私通,又不迎诸公子回国,因此秦穆姬对他十分怨恨。

晋惠公居于秦国时,曾答应晋国的执政大夫,他回国后一定奖赏他们,可是回国后却若无其事。他亦答应秦国,回国后会将黄河以西五城献给秦国,却又不算数。再加上晋国饥荒时,秦国运粮食给晋国,可是当秦国饥荒时,秦国向晋国借粮,他却不答应。于是秦国在穆姬的埋怨下,便决定发兵征讨晋国。

出兵之前,先作卜筮,筮得此卦。

晋秦交战,晋师三败,退至韩国,晋惠公对庆郑大夫说:"现在灾祸已经很深了,有什么办法来挽救?"庆郑答道:"这灾祸是你自招的,有什么办法?"晋惠公因此深恨庆郑。

晋军又与秦兵接战,这一场可以说是决战了,所以晋惠公要占卜,谁来当车右才吉利,占到最吉利是用庆郑,晋惠公不肯。只提拔他的家仆为车右,又不听劝告,令家仆徒乘小马于车右,庆郑又劝他应该用熟地形的健马,他又不听。

双方接战,秦兵虽少,但士气旺盛,晋兵倍之,但士气低落,所以晋军大败,退兵逃走。晋惠公叫庆郑整军,庆郑说他不听谏言,战败是应该的,所以只能远逃,然后整兵。晋惠公闻言又不高兴。后来庆郑整兵后,又与秦兵接战,秦孤军深入,秦君受困,晋兵本来可以俘虏他,但庆郑却听到晋惠公被困的消息,于是回师救晋惠公,这样便失去俘虏秦君的机会。秦兵得此机会,整兵反攻,这样便将晋惠公捉去,如是便应验了筮辞。

后来晋国声称另立国君,于是秦穆公便放晋惠公回国。晋惠公未入王城,便说:"我是国君,我要杀了庆郑才入国门。"由是庆郑被杀。

5. 晋献公筮嫁伯姬于秦(僖公十五年)

【传】

初,晋献公筮嫁伯姬于秦,遇《归妹》之《睽》。史苏占之曰:"不吉。其繇曰:'士刲羊,亦无衁也。女承筐,亦无贶也。'西邻责言,不可偿也。《归妹》之《睽》,犹无相也。《震》之《离》,亦《离》之《震》,为雷为火。为嬴败姬,车说其輹,火焚其旗,不利行师,败于宗丘。《归妹》《睽》孤,寇张之弧,侄其从姑,六年其逋,逃归其国,而弃其家,明年其死于高梁之虚。"

【按】

筮得雷泽《归妹》卦,上六爻动,变为火泽《睽》卦。

应依《归妹》上爻爻辞占,爻辞:"女承筐无实,士刲羊无血,无攸利。"

【占验】

这可以承接上文"秦穆公筮伐晋"的故事来解释。

晋惠公的父亲晋献公,当年想将女儿嫁到秦国,其时晋国是大国,秦国亦是大国,两个大国交参,便要卜筮吉凶。史苏占得的《归妹》卦变为《睽》卦,便作此占断,预言秦晋两国将有大战。其中又说到"侄其从姑,六年其逋",即是说晋惠公战败时,将长子公子圉送到秦做人质,圉便依姑姑穆姬而居,秦欲令圉安心,便将王女嫁给他。及至其入秦六年后,晋惠公病重,公子圉便潜逃回晋国,抛离姑姑与妻子,所以占断为"逃归其国,而弃其家"。圉回国第二年,为伯父重耳所杀。

6. 晋文公筮迎周襄王(僖公二十五年)

【传】

秦伯师于河上,将纳王。狐偃言于晋侯曰:"求诸侯,莫如勤王。诸侯信之,且大义也。继文之业而信宣于诸侯,今为可矣。"使卜偃卜之,曰:"吉。遇黄帝战于阪泉之兆。"公曰:"吾不堪也。"对曰:"周礼未改。今之王,古之帝也。"公曰:"筮之。"筮之,遇《大有》之《睽》,曰:"吉。遇'公用享于天子'之卦。战克而王飨,吉孰大焉,且是卦也,天为泽以当日,天子降心以逆公,不亦可乎?《大有》去《睽》而复,亦其所也。"

【按】

筮得火天《大有》卦,九三爻动,变为火泽《睽》卦。

《大有》九三爻辞:"公用亨于天子,小人弗克。"

【占验】

周襄王是周惠王的长子,他的异母弟王子带(太叔)与他争位,所以他于惠王死后,秘不发丧,直至得到齐国的支持,才敢发丧登位。

登位后不久,郑国反叛,襄王引狄人(西戎)攻郑,郑兵败,于是襄王便娶了狄人隗氏之女为后。隗后旋即与王子带通奸,于是襄王将隗后退回,这便跟狄人结怨了,王子带乘机勾结狄人攻打国都,周襄王流亡郑国,对他来说郑国不安全,因为他曾引狄人攻郑。秦国出兵到了黄河边,想抢回周襄王,但还迟迟不动手。

其时晋国强盛,晋文公便想去救周襄王,于是卜筮吉凶。卜偃用龟甲作卜,得到"遇黄帝战于阪泉之兆",晋文公还有怀疑,因为自己不堪与黄帝相比,所以便又作筮,得"《大有》之《睽》",即是《大有》九三爻变,筮史即引《大有》九三爻辞占断,认为大吉。

晋文公于是发兵两路,一路攻王子带,一路入郑迎襄王,结果将王子带俘虏,狄人退兵,郑人亦送走襄王,于是晋师即拥襄王入王城。

晋文公入王城朝觐襄王,襄王赐酒,又命文公向自己献酒,这是很高的待遇,因为并不是任何人都可以向王献酒。这便应验了"公用亨于天子"的爻辞。

7. 晋厉公筮战(成公十六年)

【传】

《经》曰:甲午晦,晋侯及楚子、郑伯战于鄢陵。

《传》曰:公(晋厉公)筮之,史曰:"吉。其卦遇《复》,曰:'南国蹙,射其元王中厥目。'国蹙王伤,不败何待?"公从之。

【按】

筮得地雷《复》卦,无动爻,应用《复》卦卦辞作占。

《周易》之《复》卦卦辞:"复,亨。出入无疾,朋来无咎。反复其道,七日来复,利有攸往。"

《左传》所占未依《周易》。

【占验】

这是一场很复杂的战争。起初是郑国伐宋，宋人战败，晋厉公命卫国出兵救宋，郑国退兵，但晋厉公仍想出兵伐郑，诸大夫都赞成，认为可以主动出战。郑国得到消息，立即派使者向楚国告急，楚共王即出众兵救郑，郑国大夫子驷却认为楚军虽强，但不可靠，因为楚军行走太快，经过险要地方时，行列不整，这样的兵不堪一击。晋军内部也有争论，所以晋厉公便要为此卜筮战争胜败。太史筮得《复》卦，引《复》卦的卦辞占断，说："南国蹙，射其元王中厥目。"这不是《周易》的卦辞，可能是晋国易书之辞，由此可见于春秋时，许多国家都有自己的易书，《周易》只是周王所用，但亦流行各诸侯国，所以诸侯国可兼用《周易》与本国的易书。

后来于战争时，晋将吕锜梦见自己射月，得中，但自己却退进了泥沼中，于是召人卜梦，卜者说："正统的王族是太阳，异性的王便是月亮，射中月，那便一定是射中楚共王了，不过你又陷入泥沼，应当小心避险。"及至两军接战，吕锜果然射中楚共王的眼睛，楚共王将两支利箭交给养由基，命他射吕锜。吕锜当时没有避到后方，依然在阵前指挥，所以被养由基射中了颈部，立即死去。

8. 穆姜筮迁东宫（襄公九年）

【传】

穆姜薨于东宫。始往而筮之，遇《艮》之八。史曰："是谓《艮》之《随》。《随》其出也。君必速也。"姜曰："亡。是于《周易》曰：'随，元亨利贞，无咎。'元，体之长也；亨，嘉之会也；利，义之和也；贞，事之干也。体仁足以长人，嘉德足以合礼，利物足以和义，贞固足以干事，然，故不可诬也，是以虽随无咎。今我妇人而与于乱。固在下位而有不仁，不可谓元。不靖国家，不可谓亨。作而害身,不可谓利。弃位而姣,不可谓贞。有四德者,随而无咎。我皆无之,岂随也哉?我则取恶,能无咎乎?必死于此,弗得出矣。"

【按】

筮得兼山《艮》卦,五爻皆动,唯六二爻不变,变为泽雷《随》卦,应用《随》卦卦辞作占。

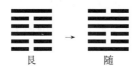

《周易》之《随》卦卦辞:"随,元亨利贞,无咎。"

【占验】

穆姜是齐侯之女,鲁宣公之夫人,鲁成公之母。因为行为缪乱,故人称之为"缪姜"。其行为缪乱,主要是与宣伯(叔孙侨如)私通,还参加了宣伯的政治阴谋。她还想用宣伯的随从代替成公原有的随从,成公不肯,她便要废掉成公,事不成,故被软禁于东宫。当迁入东宫时,她便请史官卜筮,筮得《艮》卦,唯六二爻不变,其余五爻皆变而成《随》卦。于是史官依《随》卦的卦辞来占断,认为吉利,不久即当离开东宫。穆姜却说:自己的德行不足以配合《随》卦卦辞"元亨利贞",所以不应"无咎",于是仍然迁入东宫,终身不出,是故即薨于东宫。

在这里应该注意的是,穆姜对元、亨、利、贞的解释,完全与儒家易相同,那就证明于当时(公元前 600 年,周定王时代),儒家易早已流行于世。

9. 崔杼筮娶棠姜(襄公二十五年)

【传】

齐棠公之妻,东郭偃之姊也。东郭偃臣崔武子。棠公死,偃御武子以吊焉。见棠姜而美之,使偃取之。偃曰:"男女辨姓,今君出自丁,臣出自桓,不可。"武子筮之,遇《困》之《大过》。史皆曰:"吉。"示陈文子,文子曰:"夫从风,风陨,妻不可娶也。且其繇曰:'困于石,据于蒺藜,入于其宫,不见其妻,凶。'困于石,往不济也。据于蒺藜,所恃伤也。入于其宫,不见其妻,凶,无所归也。"崔子曰:"嫠也何害?先夫当之矣。"遂取之。

【按】

筮得泽水《困》卦,六三爻动,变为泽风《大过》卦,应用《困》六三爻占。

《周易》之《困》卦六三爻辞:"困于石,据于蒺藜。入于其宫,不见其妻,凶。"

【占验】

崔武子名崔杼,是齐国的执政大夫。故事中的女主角名棠姜,原名东郭姜,因为嫁大夫棠公,便得名为棠姜。故事缘于棠公病死,崔杼往吊,见棠姜素面白衣,风姿佳丽,便想娶她为妻。崔杼有一个家臣,名东郭偃,是东郭姜的弟弟,所以崔杼便请东郭偃做媒,东郭偃不同意,对崔杼说,他是齐丁公的后裔,自己是齐桓公的后裔,都属于姜姓,同姓相婚不利。于是崔杼便筮出"遇《困》之《大过》"这个卦。四个卜史都说吉利,崔杼又拿出卦来让陈文子占断,陈文子却以为不吉,不但爻辞凶,卦象亦凶。

此说卦象,用了"互卦"之例,这便证明后来虞翻易例并非自创,实于古有据。陈文子说卦象为"夫从风,风陨"。何以说是夫从风呢?《困》卦的第二、三、四爻互为《离》卦,三、四、五爻可以互为《巽》卦,现在三爻变,于是《巽》卦便变成《乾》卦,乾象为丈夫,由《巽》卦变出,巽为风,所以便说"夫从风",《巽》卦变为《乾》卦,巽即消失,所以说"风陨"。

用《困》卦六三的爻辞占,一望即知不吉,尤其是"入于其宫,不见其妻",那更是不测之凶。

后来,崔杼因爱棠姜之美,决定娶她,婚后,棠姜与齐庄公通奸,所以崔杼回到家中时(入于其宫),便往往不见棠姜(不见其妻)。庄公亦不避忌,简直看崔杼不起,有一次,他要将崔杼的帽子赐给人,旁人说不可,他答道:"怕什么,难道没有崔杼的帽子,便没有别人的帽子了吗?"这便等于说,棠姜没有崔杼为夫,难道就没有别人为夫吗? 正因为此事,崔杼便不能再容忍了,于是决定要杀齐庄公。

在一次国际宴会中,崔杼称患重病避席,庄公听了很喜欢,宴会后便立即到崔家去,到崔家后却找不到棠姜,原来崔杼早就跟棠姜从侧门避去(又是一个"不见其妻"),庄公毫无警惕,还抚摸着柱子唱歌,其实他的随从早已被崔家的人隔离。

为什么庄公的随从这么容易被崔家的人隔离呢?因为庄公有一个亲信随从名贾举,庄公曾经不问情由将他痛打,后人猜测可能是棠姜亦与贾举通奸,所以在这次事件中,便有贾举阻止众随从进入崔府之举,由是庄公便真的成为"寡人"了。

接着,崔杼领人围困庄公,将他杀死,并且杀死他的众随从,连贾举亦一同杀死,所以这件事件做得很凉薄,于是便令他的心腹庆封起了二心。

杀死庄公后,崔杼将庆封提拔为左相,自己任右相(春秋时,以右为贵)。其时,棠姜已跟崔杼生子,名叫崔明,他虽年幼,但有舅父东郭偃支持,所以在府中亦有势力,便与崔杼早生的两个儿子崔成与崔强对立。庆封便利用这情形挑拨离间,害死了崔成与崔强,然后又伺机带兵攻入崔家,将崔明与东郭偃杀死,又杀了很多崔家的家人,并且抢去了崔杼的全部财宝及地契,只留下棠姜及少数侍婢,当崔杼回家时,棠姜无面见他,自缢而死,崔杼见已一无所有,便亦只好自缢。这便应了"夫从风,风陨",以及"困于石,据于蒺藜,入于其宫,不见其妻"了。

10. 叔孙庄叔筮穆子出生(昭公五年)

【传】

初,穆子之生也,庄叔以《周易》筮之,遇《明夷》之《谦》,以示卜楚丘。曰:"是将行,而归为子祀。以谗人入,其名曰牛,卒以馁死。《明夷》,日也。日之数十,故有十时,亦当十位。自王已下,其二为公,其三为卿。日上其中,食日为二,旦日为三。《明夷》之《谦》,明而未融,其当旦乎,故曰'为子祀'。日之《谦》,当鸟,故曰'明夷于飞'。明之未融,故曰'垂其翼'。象日之动,故曰'君子于行'。当三在旦,故曰'三日不食'。离,火也。艮,山也。离为火,火焚山,山败。于人为言,败言为谗,故曰'有攸往,主人有言',言必谗也。纯《离》为牛,世乱谗胜,胜将适《离》,故曰'其名曰牛'。《谦》不足,飞不翔,垂不峻,翼不广,故曰'其为子后乎'。吾子,亚卿也,抑少不终。"

【按】

筮得地火《明夷》卦,初爻动,变为地山《谦》卦,应用《明夷》初九爻辞占。

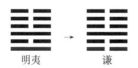

明夷　　谦

《周易》之《明夷》初九爻辞:"明夷于飞,垂其翼。君子于行,三日不食。有攸往,主人有言。"

《左传·昭公五年》:"日之数十,故有十时,亦当十位,自王已下,其二为公,其三为卿。"

杜预注:"日中当王,食时当公,平旦为卿,鸡鸣为士,夜半为皂,人定为舆,黄昏为隶,日入为僚,晡时为仆,日昳为台。"

【占验】

鲁昭公时,由三桓当政,即叔孙氏、孟孙氏与季孙氏。以叔孙氏的势力为盛,其时由叔孙庄叔掌权。

庄叔生二子,长子名叔孙侨如(宣伯),其次子即为穆子,名叔孙豹。现在这支卦,即为次子出生时所占。

庄叔死后,由侨如承继主政,但他却与太后穆姜私通,叔孙豹觉得危险,于是便去齐国躲避,后来私通的事暴露,鲁国于是驱逐宣伯,迎请穆子回国主政。但穆子其实亦行为不检,他在逃亡时,半途至庚宗,与一美妇人相遇,穆子即与此美妇人同住,并且怀胎,子未出生,穆子便继续逃往齐国。在齐国穆子娶了国姜为妻,生二子,名孟丙、仲壬。

穆子回国当政,他的法定继承人应该即是孟丙或仲壬,可是,事情却发生改变,因为穆子做了一个梦,梦见天压下来,不能呼吸,却见到了一个人走来,他便喊这个人帮他将天托起。天果然托起了,他仔细看这个人,只见他驼背、深目、嘴唇突出如猪嘴,这时他便梦醒。

不久,庚宗妇人带了儿子来见穆子,穆子一看,大吃一惊,这个儿子的相貌便是梦中所见托天之人,于是立刻收留母子二人,并且令儿子为家臣,替他管理家事。这儿子名为牛,任家臣后即名为竖牛。

竖牛渐渐当权,他觉得自己比孟丙及仲壬年长,可是他自己是庶出,依礼法不能承继穆子,所以便设计要害死这两人。在他长期离间之下,穆子杀死孟丙,仲壬逃走,竖牛命人将他杀于道中,这时,穆子已经年老,所以便等于给竖牛当权当政。

穆子病重,不能清楚说话,竖牛便命送饭的人将饭食放在房门,然后于无人时将饭食倒掉,如是三日,穆子便饿死。

竖牛不想直接承继穆子之位,于是便立了穆子庶出之子叔孙婼,即叔孙昭子,自己为相秉持国政。不料昭子十分精明,公开宣布竖牛种种不法之事,而且害死父亲,杀死两个弟弟,竖牛因此恐惧逃亡,途中为孟丙与仲壬的后人所杀。

爻辞中所说的"主人有言",其"主人"不是主客之"主",是主事之主,即应主有人"有言"的意思,其言即为谗言。

11. 孔成子筮立卫君(昭公七年)

【传】

卫襄公夫人姜氏无子,嬖人婤姶生孟絷。孔成子梦康叔谓己:"立元,余使羁之孙圉与史苟相之。"史朝亦梦康叔谓己:"余将命而子苟与孔烝鉏之曾孙圉相元。"史朝见成子,告之梦,梦协。晋韩宣子为政,聘于诸侯之岁,婤姶生子,名之曰元。孟絷之足不良,能行。孔成子以《周易》筮之,曰:"元尚享卫国,主其社稷。"遇《屯》。又曰:"余尚立絷,尚克嘉之。"遇《屯》之《比》。以示史朝。史朝曰:"'元亨',又何疑焉?"成子曰:"非长之谓乎?"对曰:"康叔名之,可谓长矣。孟非人也,将不列于宗,不可谓长。且其繇曰'利建侯'。嗣吉,何建?建非嗣也。二卦皆云,子其建之。康叔命之,二卦告之。筮袭于梦,武王所用也,弗从何为?弱足者居,侯主社稷,临祭祀,奉民人,事鬼神,从会朝,又焉得居?各以所利,不亦可乎?"故孔成子立灵公。

【按】

初筮,遇水雷《屯》卦,六爻不动,应以《屯》卦卦辞占。

《周易》之《屯》卦卦辞:"屯:元亨利贞,勿用有攸往,利建侯。"
后筮遇水雷《屯》卦,初爻动,变水地《比》卦,应以《屯》初九爻占。

屯 → 比

《周易》之《屯》卦初九爻辞:"盘桓,利居贞,利建侯。"

【占验】

卫襄公薨，夫人宣姜无子，宠妃婤姶则生两子，长子名孟絷，次子名元。其名元，相传有一段故事，说是婤姶生子时，梦见卫国的开国国君康叔对她说，此子应名为元，她将此梦告知孔成子，是故即取名为元。这段故事与《左传》所说不同，《左传》是说于立君时，孔成子梦见康叔，康叔说"立元"。可能二人皆有所梦，只是时间不同。

依礼制，应立孟絷承继君位，因为他是长子，但孟絷自小即不良于行（可能是患了小儿麻痹）。同时孔成子与史朝两位上卿都梦到康叔，要立公子元为国君，并且还指定了辅助他的人，所以两位上卿便用卜筮来做决定。

初占由公子元享国，是否吉利，遇《屯》卦；第二次卜筮是问，如果立孟絷为君，吉凶如何，遇《屯》卦初爻动，变为《比》卦。史朝说爻辞已经说是"元、亨"，那还对公子元享国有什么怀疑，孔成子问，元不是长的意思吗？史朝答道，残废便不能算是长，而且康叔已经名次子为"元"，又说"立元"，那便等于说他是长子，而且两占皆有"利建侯"之说，如果是孟絷，他已本然就是侯了，还"建"什么？只有原本不应袭侯，所以现在才要"建侯"。而且爻辞还有"利居贞"之言，如果由孟絷享国，跛足即不能居，不能居临祭祀，亦不能居奉人民与鬼神，因为居是安坐的意思，跛足者不能安坐。于是孔成子便立公子元为卫灵公。其后孟絷于外出祭祀时，被齐豹杀死。事件起因是孟絷对齐豹轻慢，而且与北宫喜、褚师圃两执政不和，加上叔父公子朝与襄公夫人宣姜叔嫂私通，为孟絷所恶，因此他们四人即起兵叛变。齐豹却想乘乱夺国，便首先发兵伏杀孟絷，卫灵公也要逃亡。幸而当时齐国王子公孙青正聘问卫国，见到卫国大乱，不知如何是好，便向父亲齐景公请示。景公说："卫灵公一日未出国境，便依然是卫国国君。"于是公孙青便正式聘卫，且亲自执铎守卫卫灵公。灵公得此外援，随即向北宫喜表明这是齐豹作乱，宣姜与公子朝为祸首，于是北宫反击齐豹，将他杀死。公子朝立即外逃，故只杀死宣姜，乱事即平。其时灵公只有十八岁。

12. 南蒯筮叛（昭公十二年）

【传】

南蒯之将叛也，其乡人或知之，过之而叹，且言曰："恤恤乎，湫乎，攸乎！深思而浅谋，迩身而远志，家臣而君图，有人矣哉！"南蒯枚筮之，遇《坤》之《比》，曰："黄裳，元吉。"以为大吉也，示子服惠伯，曰："即欲有事，何如？"惠伯曰："吾尝学此矣，忠信之事则可，不然必败。外强内温，忠也。和以率贞，信也。故曰'黄裳，元吉'。黄，中之色也。裳，下之饰也。元，善之长也。中不忠，不得其色。下不共，不得其饰。事不善，不得其极。外内倡和为忠，率事以信为共，供养三德为善，非此三者弗当。且夫《易》，不可以占险，将何事也？且可饰乎？中美能黄，上美为元，下美则裳，参成可筮。犹有阙也，筮虽吉，未也。"

【按】

遇兼地《坤》卦，六五爻动，变水地《比》卦，应用《坤》六五爻辞作占。

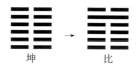

坤　　比

《周易》之《坤》卦六五爻辞："黄裳，元吉。"

【占验】

南蒯之父南遗是季氏的家臣，帮助季氏建立费邑，及至季平子掌权时，他不念旧情，对南遗之子南蒯十分轻慢，于是南蒯便想叛反鲁国投靠齐国，并且将费邑献给齐国。这是事件的起因。

南蒯策划反叛时，首先拉拢鲁昭公之子公子憖，说道："季氏由我对付，打倒季氏后，他的家财归为国家所有，你只要将费邑封给我管治便可。"因为季氏财富多于国家，这是人人都知道的事，但鲁昭公却没有办法对付季氏,现在有人计划打倒季氏,公子憖当然马上答应。

在公子憖帮助下,有几位鲁国大夫亦同意这样做,在南蒯看来,力量已经很大了,所以便有点自大,没有将打倒季氏的消息保密,所以费邑有人经过南蒯府门,便叹息道:"忧虑呀!忧愁呀!悬危呀!想得很深却谋划得浅,近身的事情可是志气却放得很远,身为家臣却去为国事谋划,有人就是这样做呀。"

南蒯知道费邑人的顾虑,便自筮了一卦,遇《坤》之《比》,爻辞为"黄裳,元吉",大喜。他将此事告之子服惠伯,惠伯说:"忠信之事则可,不然必败。"内心温顺而强有力,便是"忠";和平处事以立正,那便是"信"。这才是"黄裳,元吉"。不中便不得"黄"这种中色,下不共则得不到"裳"这种装饰。"元"是"善之长",现在不得其中,不得其饰,便是不善。应该做好三件有德行的事情:"外内倡和为忠,率事以信为共,供养三德为善。"而且,《易》不可以占险,你现在做什么事?可不可以成为装饰?装饰便是三种美,中美能"黄"、上美为"元"、下美则"裳",能成就此三者,筮事便可成功,而且还有缺点,所以筮辞看起来吉,实际未必。

南蒯不信惠伯之言,举叛,谁知公子憖与鲁昭公去了晋国,那些鲁国大夫立即散去无主,所以南蒯败退,只能守住费邑。季平子命叔弓攻费邑,不克。季平子大怒,下令见到费邑的人,即抓进监狱处罚,于是整个费邑的人便与季平子为敌,进攻更加困难。大夫冶区夫劝平子说,你应该把衣服饮食用来救济费邑流亡的人,令他们感恩,现在你这样的做法,只令费邑的人无家可归,唯有投靠南蒯。这样做了一年,费邑的人便反叛南蒯了,于是南蒯逃到齐国,在齐国受到君臣的轻蔑。

13. 晋赵鞅卜筮救郑(哀公九年)

【传】

宋公伐郑。……

晋赵鞅卜救郑，遇水适火，占诸史赵、史墨、史龟。史龟曰："是谓沉阳，可以兴兵。利以伐姜，不利子商。伐齐则可，敌宋不吉。"史墨曰："盈，水名也。子，水位也。名位敌，不可干也。炎帝为火师，姜姓其后也。水胜火，伐姜则可。"史赵曰："是谓如川之满，不可游也。郑方有罪，不可救也。救郑则不吉，不知其他。"阳虎以《周易》筮之，遇《泰》之《需》，曰："宋方吉，不可与也。微子启，帝乙之元子也。宋、郑，甥舅也。祉，禄也。若帝乙之元子归妹，而有吉禄，我安得吉焉？"乃止。

【按】

筮得地天《泰》卦，六五爻动，变水天《需》卦，应用《泰》六五爻辞作占。

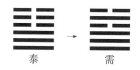

《周易》之《泰》卦六五爻辞："帝乙归妹，以祉元吉。"

【占验】

春秋时代，宋郑两国交战共52次，此次所筮为第47次。这次战争由郑国发起，而且很没有理由。郑国上卿罕达（武子剩）宠信许瑕，许瑕求取封邑，但是郑国已没有地方可封，罕达竟然会想到夺取宋雍丘之地来封许瑕。这样的事件，在春秋战国时代亦为仅有，可见罕达之无理。

罕达曾攻宋两次皆获胜，所以这次围攻雍丘以为很有把握，但郑军却被包围。罕达亲自领兵救援，大败，宋国全歼郑军。这是春天的事，至秋天，宋兵伐郑，但不久便退兵。第二年春天，宋兵大起伐郑，这便是这次事件。

春秋末年，晋国已衰，而且晋郑亦曾交战，但赵鞅这次却想救郑，因为怕宋国胜后，会与齐兵合作攻晋。在这样的情形下，赵鞅对救郑之举其实十分犹豫，所以先用龟卜。为了让读者明白龟卜之术，所以在这里依《左传》文详细介绍一下。

龟占是将龟壳焙火，焙出裂纹，然后根据裂纹的形态来作占断，再将占断文字刻在龟壳上，便是现在所称的甲骨文了。这次赵鞅是用三位筮师来看龟壳裂纹，此三人是史赵、史墨、史龟。

史龟的占断是，龟壳裂出的纹理是"遇水适火"，即是有如水流流入火中。他说："这是阳气沉没（沉阳），所以可以兴兵。但是只利于讨伐姜姓，不利于讨伐子姓的商族人，所以可以伐齐，不能伐宋。"因为齐是姜姓，宋是子姓。

史墨说："裂纹盈满，盈是水名，子是水位（在这里用到干支五行，故说子为水），名与位皆是敌方，所以不能攻子姓的宋国，只能攻齐国。"因为姜姓齐人是炎帝的后人，水克火，所以可以攻姜姓的人。

史赵说："裂纹如川之满，川满即不可游（那便是不宜动了），这次战争是郑方有罪，所以不可救，我只知道救郑不吉，不知其他。"

由这三人的占断，可知卜龟之术，虽以裂纹为主，其实牵涉到阴阳五行，同时又将裂纹分为"名"与"位"，以裂纹的形状为名，以五行为位。这是很宝贵的资料。

现在说到占卜了。阳虎以《周易》作筮（由此可见当时筮法未必一定用《周易》），遇《泰》之《需》，他即用《泰》六五爻辞作占断，认为宋方吉，不可以对宋举事，理由是爻辞说到"帝乙归妹"，宋国开国之君是微子启，他是帝乙之元子，现在帝乙嫁女而得禄（祉），故本然为吉（元吉），所以宋方不可伐。而且，宋郑是甥舅（因为郑穆公之妃宋子是宋女，所以郑人可说是宋女的后代，那便是宋国的外甥了，由是宋国为舅）。现在帝乙嫁女，帝乙便是舅，既然舅方得祉禄，如果征伐他，怎会吉利呢？

此战的结果是郑方速败，如果晋出兵相救，恐怕兵未到，郑兵已被全歼。

二、冯氏占验六例

冯公夏 著

例一

1941年,日军攻入香港,居民陷于苦境,我与友人韦达均彷徨不知所措,乃诚心卜筮问日本发动太平洋大战能否成功,得下列之卦:

《明夷》卦。

爻辞:

初九,明夷于飞,垂其翼,君子于行,三日不食,有攸往,主人有言。

《象》曰:君子于行。义不食也。

上六,不明晦,初登于天,后入于地。

《象》曰:初登于天,照四国也。后入于地,失则也。

明夷

王亭之按:筮遇《明夷》之《艮》,内卦《离》变为《艮》,是即日变为山,故可断为太阳为山所掩;外卦《坤》变为《艮》,是即地变为山,由平坦变为障碍。故日本发动太平洋战争,必自讨麻烦,无端惹起障碍,是故"失则"。

(解)初爻为九,为动爻。上爻为六,亦为动爻。我的方法:

只看此两个动爻之爻辞以为判。

爻辞是周公作的。"《象》曰",是孔子解释周公之爻辞,可作参考,但仍以爻辞为主。

依爻辞推测,日本空军不济,必定失败,同时暗示我们以离开香港为佳,因粮食缺乏也。

《离》卦为日,代表日本,《坤》卦为地,日入地下,由明而暗,预示日本陷于黑暗境界,虽然开始胜利,如日光之照四国,但终入于地下,其失败必也。1945年，日本终于在美国原子弹威力之下，无条件投降。

例二

1941—1945年第二次世界大战期内，日军占领香港，迫香港汇丰银行签发大额纸币，在港澳流通。

```
━━ ━━  8
━━ ━━  6交
━━━━━  7
━━━━━  9重
━━ ━━  8
━━━━━  9重
   丰
```

和平消息传出后，汇丰银行发言人谓将不会承认此种迫签纸币，我因曾买入颇多，故此甚为忧虑，乃占卦以定取舍。

占得下列之卦：

《丰》卦。初爻、三爻及五爻皆动，因依该各爻之爻辞以判断之。

初九，遇其配主，虽旬无咎，往有尚。

九三，丰其沛，日中见沫，折其右肱，无咎。

六五，来章，有庆誉，吉。

王亭之按：筮遇《丰》之《萃》，内卦火变为地，外卦雷变为泽，是即光明普照于地，但为泽所掩，故主先有不利，然后吉祥，因光明普照，即不能仅将大额货币废除。且互卦由《大过》变为《渐》，故事须迟，终亦无碍。

（当时判曰）十日内有分晓，但可能有些波折，但到底吉利，因此我固守不动。

（结果）英军重新进入香港后宣布旧港纸一元、五元、十元者十足通用，但大额迫签之纸币，暂不通用，但三个月后，汇丰宣布所有迫签纸币一律十足通用，尽合卦辞之预言。

例三

1942年某月，路透社消息，日军登陆尼路岛，所有英政府人员均被枪毙，友人马乃光之弟乃辉，当时在该岛之英政府工作，相信亦遭枪毙，乃求我占卦，以定吉凶。

占得下列之卦：

《旅》卦。

爻辞曰：九四，旅于处，得其资斧，我心不快。

王亭之按：筮遇《旅》卦，内卦为艮山，外卦为离火，日升于山上，阴暗即消，故可说其人平安。但《旅》卦变为《艮》卦，所以日光为山所掩，故有"我心不快"之象。

（当时判曰）令弟乃辉平安，而且有小职位受薪，但心不快乐。

（结果）1945年和平后，其弟乃辉来信，报告平安，当时英政府人员，多人被杀，但其弟大叫，声明系中国人，而且识中英文，因此得免于死，而且在日海军少将部下充翻译秘书，但待遇极差，并不快乐。乃辉后来平安返香港。

例四

1979年11月20日，纽约友人伍焕林先生，汽车失事，受伤。伍太打电话求占卦，问有没有性命危险。占得：

《井》卦。

六爻不动。依文王卦辞判断。

卦辞：井，改邑不改井，无丧无得，往来井，井汔至，亦未繘井。羸其瓶，凶。

孔子解卦辞：

《象》曰：巽乎水而上水，井。井养而不穷也。改邑不改井，乃以刚中也。汔至亦未繘井，未有功也。羸其瓶，是以凶也。

王亭之按：筮遇《井》卦，井是平和的水，现在是风行于水下（巽在坎下），那便是地下水过分流动，所以有水涸（汔）之象，因为水涸所以便没有汲水（繘），因此可以断定主要的伤势在内。但因为"井养而不穷""改邑不改井"，所以受伤亦可不死。但因为汲水的水瓶打破（羸其瓶），所以伤势危险,应该多次动手术来修补。

(判曰)此卦有凶字,伤势必甚严重,骤看似有生命危险,但仔细研究卦辞"无丧无得","无丧"暗示不会有死亡丧事。因此我即电伍太,谓伤势可能破了阴囊,但无性命危险。

(结果)伍君昏迷三日方醒。膀胱破裂,大肠亦裂,留医三月,方能起行,但要一个大便袋,不能天然大便。大约在九月,要再施手术,方能弄好大肠。医生认为痊愈确实是个奇迹。

例五

1980年1月14日,我因租住地下室的房客即日迁出,故占此卦,问何时方能租出,占得:

《履》卦。

五爻及上爻为九,为动爻,看下列爻辞。

九五,夬履,贞厉。《象》曰:夬履正厉,位正当也。

上九,视履,考祥,其旋,元吉。《象》曰:元吉在上,大有庆也。

履

王亭之按:筮遇《履》之《归妹》,互卦《家人》之《既济》,所以改租必能租出,《家人》为租客,《既济》为事济。

(判曰)九五,指示要决定出租,但不宜选择太严。

上九,指示吉祥,很快租出,而且暗示为好住客。

预测1月30日即可租出,因乾为一,兑为二,加起来为三,似为三十日也。

(结果)于1月28日租给谭君,大家满意。

例六

1980年2月28日,王宝照诚心叩问他想辞去现在之职,转与友人

合作承接香港政府法院大厦之室内电话交通线的保养及修理工程,订一年以上之合约,未知好否,占得:

《解》卦。

此卦无六与九,六爻不动,应看卦辞为判。

卦辞曰:解,利西南,无所往,其来复吉。有攸往,夙吉。

《象》曰:解险以动,动而免乎险,解。解,利西南,往得众也。其来复吉乃得中也。有攸往夙吉,往有功也。

解

王亭之按:筮遇《解》卦,由象辞可知事情有变动,"动而免乎险",而且"往得众也",所以此险即有人帮助而解。因此"其来复吉"。卦辞说"有攸往,夙吉",所以主得老朋友帮助,现在他有人合作,应了爻辞,是故吉祥。

(判曰)前途乐观,但"无所往",似有反复,但结果成功。可以依计划进行。

(结果)宝照辞去当时之职,与友人另组公司,投标承接工程,开标时已蒙政府接纳,但有人反对,谓宝照之公司未有三年经验,不应入选。后政府被迫改了章程,删去三年条件,另行招商承办。宝照再投,又得中标入选,大功告成矣。

三、周易变占法研究

王亭之 著

1. 赘说

易学广大精微,有如弱水三千,只取一瓢已足果腹,故学人研究,多从大处着眼,而视筮法之研讨为琐事。晚近科学日益维新,占筮之术亦纯流为江湖,研究易学者更讳言筮法,盖不欲授人以柄,讥易学为导人迷信之术也。读近人易学著作,颇有以为《周易》非筮书者,实职是之故耳。

然《周易》一书,实为我国古代筮辞之记文,不过曾经编辑整理,遂灿然成章。与当时并传之诸筮书较,如朗月之于疏星,光华独耀,故其书乃得独传。《易》中固具义理数象,何以筮得此爻吉,何以筮得彼爻凶,均应自义理数象中寻讨。但背离筮法,讳言吉凶,而徒自卦画中求数理,纵能发挥精辟,亦未免得鱼忘筌。故西汉易学六家,皆多言阴阳灾异,长于占筮,未有架空而言数理者。西汉去古未远,学者治学之风如此,则《周易》之为周易也可知矣。

复次,读《左传》《国语》诸书,时有具记春秋时代之占筮故事,述者固栩栩如生,读者亦历历如睹。且于占史所引之卦象筮辞,每可具见揲蓍之遗规。因念筮法固《易》中一大关键。倘于筮法一无所知,匪独不易知《易》,抑且难读《左传》《国语》等书。

寻讨占筮之法,从来皆据《系辞传》之文。惜《系辞传》之言略而不详,此非作者故秘而不宣,实因当时通筮法者多,乃毋须复喋喋而言耳。《朱子启蒙》所言筮法,考定綦详,于扐、挂、变、营,述之备矣,读者据之,不难"一十八变而成卦"。唯亦仅限于"成卦"而已,倘遇卦变,据朱子之法实不足济事也。

易例,以七、九记阳爻(—),阳爻遇九则变,遇七则不变;以六、八记阴爻(--),阴爻遇六则变,遇八则不变。倘筮得六爻皆七、八无变爻,人皆知即以所成之卦辞占之矣;倘筮得一爻为九或为六,仅得一变爻,人皆知以变爻之爻辞占之矣。唯倘遇得有二变爻以上者,据何爻辞为占断之依据?此变占之法,犹为数千年来未定之案。本文即试就此点加以研讨,故于"成卦法"乃略而不谈。

2.《朱子启蒙》之变占法

于变占之法,《朱子启蒙》言之最详,虽颇多疵病,然犹可略见眉目,故先引列如后，其法约可归纳为七：

（1）筮得六爻皆不变，用本卦卦辞占。

（2）筮得一变爻，用本卦之变爻爻辞占。

（3）筮得二变爻，用本卦二变爻之爻辞合占，唯以居上位之变爻为主。

（4）筮得三变爻，以所筮得之本卦卦辞，及变出之变卦卦辞合占，弃爻辞不用。

（5）筮得四变爻，因变爻多于不变爻，故弃本卦不用，而以变卦中两未变爻之爻辞合占，而以居下位之未变爻辞为主。

（6）筮得五变爻，亦弃本卦不用，但以变卦中仅存之一未变爻之爻辞作占断。

（7）筮得六爻皆变，《乾》卦以"用九"筮辞占；《坤》卦以"用六"筮辞占；余六十二卦，皆以所变得之变卦卦辞占。

为读者易领悟计，兹杜撰一例，以明朱子之法：

（1）如筮得《泰》卦（☷☰），上三阴爻皆为八，下三阳爻皆为七，则为六爻不变之例，应以《泰》卦卦辞"小往大来，吉亨"为断。

（2）如筮得《泰》卦，仅初爻为九，余五爻均相应为七、八，是一变爻之例，应以《泰》初九爻辞："拔茅茹，以其汇，征吉"为占断。

（3）倘筮得《泰》卦，初爻为九，上爻为六，余四爻相应为七、八，是二变爻之例，应以《泰》初九、上六二爻辞合占，但上六居上位，故应以其爻辞："城复于隍，勿用师，自邑告命，贞吝"为主要之占断依据。

（4）倘筮得《泰》卦初、二、三这三阳爻为九，而余三阴爻皆为八，是三变爻之例，其变卦为《坤》（☷☷）（遇《泰》之《坤》），当以《泰》卦卦辞及《坤》卦卦辞："元亨，利牝马之贞……"为断。

（5）倘筮得《泰》卦初、二、三、四这四爻变，其变卦为《豫》（☷☳），应以《豫》卦中六五、上六二未变爻之爻辞为占断。但以居下位之六五爻辞"贞疾，恒，不死"为主。

(6) 倘筮得《泰》卦,仅上六一阴爻为八不变,余五爻皆变,其变卦为《萃》(䷬),则应以《萃》上六爻辞"赍咨涕洟,无咎"为占断。

(7) 倘筮得《泰》卦,六爻皆变,其变卦为《否》(䷋),则应以《否》卦卦辞"否之匪人,不利君子贞,大往小来"为占断。

朱子之法,颇为后人非议,盖其用未变爻占,与易例相违太甚。如明黄黎洲云:"周公爻辞本为九、六之变者设,非为七、八之不变者设。周易不用七、八,岂有七、八而冒用九、六之辞哉?"李安溪云:"《启蒙》卦变之法……审若此,则卦辞之用有所不周矣。又审若此,则爻之用,半用九六而半用七八矣。且考之《春秋》内外传诸书,不论动静及变爻之多少,皆先论卦之体象及其辞以立说,意此其本法也。"此等诘难,即宗仰朱子家法者亦无以辩之。盖朱子之言,本无根据,所谓"经传无文,今以例推之当如此",不过想当然而已。

3. 宜变之爻

批评成说易,自发新意难,故朱子之法虽为后人不满,而却别无新见以代之。至高亨先生《周易古经通说》一书出,始提出"宜变之爻"以试图解决变占法之疑案。

其说略谓,凡筮得二变爻以上者,应用另法求其"宜变之爻"(其法下述),倘宜变之爻与某变爻相值,即用此变爻爻辞占;倘宜变之爻与各变爻均不相值,则用本卦卦辞或变卦卦辞占。说本诸《启蒙》,而稍加变通,更能避去用未变爻占之弊,固善法也,未可因其于古无据而忽之。唯其求"宜变之爻"之法,却见牵强,难得圆通。兹举例以说其法。

(1) 如筮得《姤》卦(䷫),初爻及五爻变,依高氏应记为:

以各数相加,其和为四十三。而天地数和五十五(何谓天地数当于后文及之),减四十三,得十二。于是由初爻向上数,至上爻止,又复由上爻折向下数,至初爻而至十二,乃定初爻为宜变之爻。因宜变之爻与变爻值,故乃变爻之阴为阳而得《乾》()。而置五爻之九不顾,以《姤》卦初六爻辞"系于金柅,贞吉,有攸往,见凶,羸豕孚蹢躅"占之。

(2) 如筮得《困》卦

```
▬▬ ▬▬  8
▬▬▬▬▬  9
▬▬▬▬▬  7
▬▬ ▬▬  8
▬▬▬▬▬  9
▬▬ ▬▬  8
```

二、五两爻变,各数相加为四十九,与天地数和五十五较,得差数六,由初向上数,而上爻六数尽,故定上爻为宜变之爻。但上爻非变爻,故应不顾变爻,而径以《困》卦卦辞"困,亨,贞大人吉,无咎,有言不信"为占。

此求宜变爻法,其弊有三。

如第一例,卦应变为《大有》(),而依高氏竟变为《乾》卦,弃五爻不顾,则占得《姤》之《大有》,与占得《姤》之《乾》者,必至相混,其弊一也。

将求得之数反复上下而数,设想未免牵强。且如此法,初爻、上爻为宜变之爻者,机会大于余四爻,恐难征信,其弊二也。

如第二例,本应得变卦《豫》(),今因变爻与宜变之爻不相值,遂至《困》仍为《困》,不得为《困》之《豫》,与古筮事之记文恐不相合,其弊三也。

余意以为,高氏求"宜变之爻"法,与古未必相合。古人自有另法以处理二变爻以上之占。唯高氏变占定例,确实优于《朱子启蒙》。因复覃思另法,以图融会朱子、高氏二家之说。

4. 河洛与天地数

有关《周易》筮法之最古文献,厥为《系辞传》,《朱子启蒙》成卦之法,即据此而考得。然其中"天一、地二……"一节,以错简而误窜下文,故学人乃以为此节与筮法无关。高亨氏据《汉书·律历志》引文移正,并据此而悟其求"宜变之爻"之法。移正后之《系辞传》,应如下文:

  大衍之数五十,其用四十有九。分而为二以象两,挂一以象三,揲之以四以象四时,归奇于扐以象闰。五岁再闰,故再扐而后卦。天一、地二、天三、地四、天五、地六、天七、地八、天九、地十。天数五,地数五,五位相得而各有合。天数二十有五,地数三十,凡天地之数五十有五,此所以成变化而行鬼神也。……

  一、三、五、七、九这五奇数,称为天数,二、四、六、八、十这五偶数,称为地数,五奇数和为二十五,五偶数和为三十。故《系辞传上》曰:"天数二十有五,地数三十。"而天地数和为五十五,自可得而知。此等普通数字,竟有何神秘之处,得以"成变化而行鬼神"?则当与河洛之数有关。

  河洛数与《周易》,本有血缘。一、二、三、四、五这五数,河图称为生数;六、七、八、九、十这五数,河图称为成数。一六居北、二七居南、三八居东、四九居西、五十居中。此即所谓"天以一生水,地以六成之……"之类。故五方均为一生数与一成数之组合,亦为一天数与一地数之组合。《系辞传上》曰:"五位相得而各有合",即指此而言。

  清儒江永曰:"浑然之中,未始有数也。物生而后有象,象而后有滋,滋而后有数。数必于一。一不能独立,必有二以为之配。有一、二则成三。一加三、二倍二则成四,以后渐加渐倍,至于无穷。五为小成,十为大成。"盖以居四方之一、二、三、四,与居中央之五加合,则各成六、七、八、九,故一六、二七、三八、四九各为配合。其实亦可反其道而行,以四方之天数与地数相较,其差亦必为五,此殆数学中之简单还原关系。古人论数,重五及其倍数(故"五为小成,十为大成";洛书纵横相加必得十五;天数之和为二十五;地数之和为三十;大衍之数为五十。凡此皆五之倍数也),盖五居中宫,俨然有君主之象。今河图中各方天地数差而得五,则天地差数,必为一大关键,持此似可得一更有根据之法,以求所谓"宜变之爻"。

今先引一例以述鄙见,而于后文再加引证:

晋公子重耳筮国,得"贞《屯》悔《豫》皆八"(贞即筮得之本卦;悔即变得之变卦),筮史以为不吉,而司空季子独以为吉,并引《屯》卦卦辞"元亨利贞,勿用有攸往,利建侯"及《豫》卦卦辞"利建侯行师"为占,后重耳果返晋国。其所筮得之《屯》卦,当为初、四、五等三爻皆变,其记法应为:

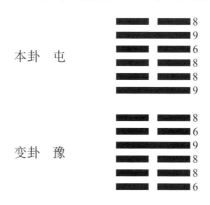

将本、变二卦各天数相加,得"天数和"为二十七($3 \times 9 = 27$);复将两卦之地数相加,得"地数和"为六十六($6 \times 8 + 3 \times 6 = 66$),则天地差数当为三十九($66 - 27 = 39$)。由初爻向上六六数之,至第三爻而三十九止,其宜变之爻为第三爻。因第三爻为不变之阴爻,其数记为八,故曰"贞《屯》悔《豫》皆八"。

然,余定此法,虽据《系辞传上》及河洛之数悟出,证据究嫌薄弱,因持此法以校《左传》《国语》所记之筮事,皆若合符节。如上重耳筮国一事,前人释"贞《屯》悔《豫》皆八",均难有定见,而余法似可释诸疑。余诸筮事,亦当于后文具引,以为例证之一佐。

舍此而外,"礼失而求诸野",余亦尝取坊间卜筮诸书读之,初觉其与《周易》了不相关,但飞伏、世应、爻辰、纳甲诸法,犹可见汉学之孑遗。后读皮锡瑞《经学通论》,因知以钱代蓍之法,其源亦古——其初,犹用揲蓍，但布钱于地以代九八七六之记数，其后直掷钱得卦，法益简易矣。而以钱代蓍之筮书《火珠林》，其筮法依据，直可追溯至京房之学。乃觉其求世爻之法，适与余求"宜变之爻"之法相通，是更增益余自信矣。而河洛与《周易》之肤亲，亦由是得一旁证。

5.《火珠林》之世爻

世爻，为今筮易者所最重。盖以其为一卦之主。然欲明世爻求法，应先明八宫。

《火珠林》以六十四卦分为八宫，每宫各统八卦，而以《乾》(䷀)、《坎》(䷜)、《艮》(䷳)、《震》(䷲)、《巽》(䷸)、《离》(䷝)、《坤》(䷁)、《兑》(䷹)八卦为每宫之首。每宫之八卦，次序不能改易，兹将乾宫八卦变例列于下，以明其余。

(1) 首卦《乾》(䷀)。

(2) 变乾之初爻，得《姤》(䷫)，为第二卦。

(3) 变乾之初、二爻，得《遯》(䷠)，为第三卦。

(4) 变乾之初、二、三爻，得《否》(䷋)，为第四卦。

(5) 变乾之初、二、三、四爻，得《观》(䷓)，为第五卦。

(6) 变乾之初、二、三、四、五爻，得《剥》(䷖)，为第六卦。

(7) 卦变至此，已不能再进而复变，否则将与别宫相犯，故乃以第六卦退下一爻，为第四爻变，得《晋》(䷢)，即本宫第七卦。此卦别名为游魂。

(8) 将第七卦内卦三爻全变，于是内卦回复本宫，得《大有》(䷍)，为本宫第八卦。此卦别名为归魂。按，宫中二至七卦，皆逐爻变出，唯此卦乃由第七卦骤变三爻而成，此点颇堪注意。

既明乾宫八卦之变例，则他宫八卦亦可依此推出。而世爻位置，即可据此而定，亦仅以乾宫卦例，加"·"号注明世爻，余宫各卦乃可例推矣。

乾
（各宫首卦，以上爻为世爻）

姤
（第二卦，以初爻为世爻）

遯
（第三卦，以二爻为世爻）

否
（第四卦，以三爻为世爻）

观
（第五卦，以四爻为世爻）

剥
（第六卦，以五爻为世爻）

晋
（第七卦游魂，以四爻为世爻）

大有
（第八卦归魂，以三爻为世爻）

今试用余求宜变爻之法,检校宫中各卦之世爻。

(1)《乾》卦之世爻

依系数之法,筮得《乾》卦六爻不变,记法当为:

以无变卦故,天地差数与天数和等(因可定地数和为零),其数为四十二,六六由初爻上数,宜变爻应在上爻,即《火珠林》之世爻。

(2)由《乾》卦求《姤》卦之世爻

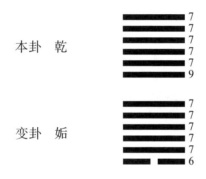

天数和为七十九,地数和为六,天地差数为七十三,依例由初爻上数,至初爻而数尽,故《乾》之《姤》,以初爻为宜变之爻,亦即《火珠林》之世爻。

(3)由《乾》卦求《遯》《否》《观》《剥》《晋》五卦宜变爻之法,可由上例类推,皆与世爻位置相值,兹不复赘。

(4)由《晋》卦求《大有》之世爻

宫中二至七卦,皆一爻渐变而成,独第八归魂,三爻骤变,故求世爻法,亦不与前相类,可由《乾》卦直接变出,而应由前一卦求得:

变卦 大有

天数和为五十五,地数和为三十四,其差为二十一,依次由初爻起递数,第三爻应为宜变之爻,亦即例定世爻之位。

由上四例,《火珠林》例定之世爻,皆可用天地数推算而得,因更可信余之求宜变爻法,非徒臆想,尤有进者,八宫八卦之排列,可视为古筮法蜕变,一如以钱代蓍,法由繁趋简,倘熟读八宫,世爻亦自屈指可得,盖亦趋简之一端也。虽然,八宫推法,只可由首卦推出余宫七卦,而用天地数算,则可由一卦推出余六十三变,则由八宫定世应,盖不过示人以例而已。古术数书,固未有以全豹示人者也。

6. "之八"与"皆八"

春秋筮事,每有云筮遇"某卦之八"者,《晋语》记秦伯纳重耳,董因迎之于河,重耳问云:"吾其济乎?"董对曰:"臣筮之,得《泰》之八,是谓天地配。亨,小往大来。今及之矣,何不济之有?"后重耳卒能济河至秦。

又,《左传》记穆姜废居东宫,尝往筮得《艮》之八。史曰:"是谓《艮》之《随》,随其出也,君必速出。"姜曰:"亡是。于《周易》曰:随,元亨利贞,无咎。……今我妇人,而与于乱,固在下位而有不仁,不可谓元;不靖国家,不可谓亨;作而害身,不可谓利;弃位而姣,不可谓贞。有四德者,随而无咎。我皆无之,岂随也哉?我则取恶,能无咎乎?必死于此,弗得出矣!"后果薨于东宫。

以上二事,皆为筮遇某之八。前贤释"之八"二字,每多纷纭。

一云,卦数有八,故筮遇之八,犹言筮遇某卦,以八数表卦,犹以六、七、八、九以记爻。此说甚陋。盖倘如其说,则何不径言筮遇《泰》,筮遇

《艮》,更为简明。抑且,遇《艮》之八即遇《艮》之《随》,显系《艮》卦中初、三、四、五、上等五爻皆变而成,何得于此处以为遇《艮》而已?

一云,八为阴爻不变者之系数,筮遇"之八",盖云筮得某卦,而以其不变之阴爻为占也。然则遍翻《春秋》内外传,何以不见有筮遇某卦之七者?七固阳爻不变者之系数,岂筮者屡遇阴八,而独不遇阳七欤?

"之八"一辞终无确解,非前贤之不智也。盖重耳筮国,得贞《屯》悔《豫》"皆八"一事有以乱之。余于前文,已释其义,以天地差数算,第三爻宜变,而三爻为阴八故称皆八。唯"之八"云云,当非此类,八厥为何?余以为乃指八宫中第八归魂卦也。

归魂卦有八:《大有》《师》《渐》《随》《蛊》《同人》《比》《归妹》。此八卦变例特殊已如前述。故凡筮得某卦,其变卦为任一归魂卦者,可称遇某之八。董因筮得《泰》之八,当为《泰》卦爻变而成归魂卦中某卦;穆姜筮得《艮》之八,占史谓是《艮》之《随》,当系《艮》爻变而成《随》。此处幸占史明言,故尚有蛛丝马迹可寻。如董因筮,终不知《泰》卦变为何归魂卦。但其言不及变卦卦辞,意所变必不出《大有》《师》《蛊》《归妹》四卦,因《泰》得二变爻,即能变得此四卦;而变《随》《渐》《比》《同人》四归魂卦,则需得四变爻。按诸筮例,筮得本卦未变爻多于变爻者,可忽变卦不视;倘变爻多于未变爻,可忽本卦不视;倘变爻与未变爻相等(即各皆三爻),即需以本卦及变卦合占。此所以穆姜之筮,得五变爻,占史及穆姜皆独引其变卦《随》以解之,终不及本卦《艮》也。

7. 变占法例

上文喋喋而言,不觉哓舌,虽云铺叙紊乱,但其中均所不能不言者。今复略加董理,为读者述变占法例如下图。一鄙之见,非云超越前贤,不过刍荛之献而已,尚待读者修正。倘《周易》筮法由是而明,固余之所愿也。

八宫八卦世爻定位计算表

宫	之卦	阳策	阴策	差数	世位	备注	宫	之卦	阳策	阴策	差数	世位	备注
乾	乾之姤	79	6	73	1		巽	巽之小畜	65	22	43	1	
	之遁	74	12	62	2			之家人	60	28	32	2	
	之否	69	18	51	3			之益	55	34	21	3	
	之观	64	24	40	4			之无妄	64	24	40	4	
	之剥	59	30	29	5			之噬嗑	59	30	29	5	
	之晋	64	24	40	4	游魂		之颐	50	40	10	4	游魂
	晋之大有	55	34	21	3	归魂		颐之蛊	41	50	21	3	归魂
坎	坎之节	37	54	13	1		离	离之旅	51	38	13	1	
	之屯	32	60	2	2			之鼎	60	28	32	2	
	之既济	41	50	21	3			之未济	55	34	21	3	
	之革	50	40	10	4			之蒙	50	40	10	4	
	之丰	45	46	29	5			之涣	59	30	29	5	
	之明夷	36	56	10	4	游魂		之讼	64	24	40	4	游魂
	明夷之师	27	66	21	3	归魂		讼之同人	69	18	51	3	归魂
艮	艮之贲	37	54	13	1		坤	坤之复	9	86	13	1	
	之大畜	46	44	2	2			之临	18	76	2	2	
	之损	41	50	21	3			之泰	27	66	21	3	
	之睽	50	40	10	4			之大壮	36	56	10	4	
	之履	59	30	29	5			之夬	45	46	29	5	
	之中孚	36	56	10	4	游魂		之需	36	56	10	4	游魂
	中孚之渐	55	34	21	3	归魂		需之比	41	50	21	3	归魂
震	震之豫	23	70	13	1		兑	兑之困	51	38	13	1	
	之解	32	60	2	2			之萃	46	44	2	2	
	之恒	41	50	21	3			之咸	55	34	21	3	
	之升	36	56	10	4			之蹇	50	40	10	4	
	之井	45	46	29	5			之谦	45	46	29	5	

续 表

宫	之卦	阳策	阴策	差数	世位	备注	宫	之卦	阳策	阴策	差数	世位	备注
	之大过	50	40	10	4	游魂		之小过	50	40	10	4	游魂
	大过之随	55	34	21	3	归魂		小过之归妹	41	50	21	3	归魂

本表说明：
(1) 阳策一栏，系将本卦及变卦(之卦)各阳爻策数相加而得。
(2) 阴策一栏，系将本卦及变卦各阴爻策数相加而得。
(3) 差数求法，细别有二：
甲，如阳策大于阴策，直接相减即得。如《乾》之《姤》，为 79－6＝73。
乙，如阴策大于阳策，需先将阴策减 30（或减 60），使其数小于阳策，然后相减。如《坎》之《节》，阳策 37，阴策 54，则：54－30＝24；再 37－24＝13（差数）。其所以减 30 者，以 30 为阴数之和——《系辞》曰"地数三十"。
(4) 世位求法，将差数以 6 除之，所余之数，即世爻所在之爻位。如《乾》之《姤》，差 73，则 73÷6＝12……余 1（故世爻在《姤》之初爻）。

(1) 筮得某卦，而六筮皆不变，当以本卦卦辞为主占。

《左传》昭七年，孔成子占立公子元，得《屯》卦，史朝占曰："元亨"。此殆引《屯》卦卦辞"屯，元亨利贞，勿用有攸往，利建侯"为占，公子元之名，与元亨之元巧合，殆亦一趣事也，故史朝但云"元亨"，亦欲值此巧合以立公子元耳。

《左传》僖十五年，秦伯伐晋，卜徒父筮之吉，既而秦师败，诘之。对曰："乃大吉也。三败必获晋君。其卦遇《蛊》，曰'千乘三去，三去之余，获其雄狐。'夫狐蛊，必其君也。……"后果三败，既而战于韩原俘晋侯以归。

"千乘"云云，殆非用《周易》筮辞，而另用古筮书占，唯其卦名、筮法与《周易》同，亦可为一佐证。

(2) 筮得某卦，仅一变爻，则径用此爻辞为主占，不需复求其宜变爻。

按，春秋筮事属此类者甚多，引不胜引，兹略举数例以见一斑：

《左传》哀九年，赵鞅卜伐宋救郑，卜兆不吉，阳虎以《周易》筮之，遇《泰》之《需》（《泰》五爻变），曰："宋方吉，不可与也。微子启，帝乙之元子也。宋，郑，甥舅也。祉，禄也。若帝乙之元子归妹，而有吉禄，我安得吉焉?"此盖用《泰》六五爻辞占。辞云:"帝乙归妹,以祉元吉。"

《左传》僖二十五年,秦伯师于河上,将纳襄王,卜兆过吉,不敢可否。狐偃筮之,遇《大有》之《睽》(《大有》三爻变)。狐偃引《大有》九三爻辞:"公用亨于天子"为占。秦伯遂纳襄王。

《左传》襄二十五年,崔杼筮娶棠姜,得《困》之《大过》(《困》三爻变),占史皆曰吉(此盖欲媚崔子耳,当时占史必隐筮辞不言,但以卦象搪塞,故陈文子引卦象驳之)。崔子示陈文子,文子曰:"夫从风,风陨,妻不可娶也。且其繇曰:'困于石,据于蒺藜,入于其宫,不见其妻,凶。'(此《困》六三爻辞)……"然崔子以棠姜美,乃以为彼寡妇也,其凶,彼先夫已当之矣,遂取棠姜,卒倾家自缢死。

(3)筮得某卦,遇二变爻或以上者,应先求其宜变爻。倘宜变爻与某变爻相值,即引此变爻爻辞占;倘不相值,则视变爻多寡,以本卦卦辞或变卦卦辞主占,或以二卦卦辞合占。

唐沈七筮王诸入解,遇《乾》之《观》(《乾》初、二、三、四爻变),曰:"已及宾王,而大人未见。"后果因安禄山乱而还。

以天地差数求之,宜变爻在四爻。因变爻多于未变爻,故用变卦《观》之六四爻辞"观国于光,利用于宾王"为占。此宜变爻与某爻值,用变爻辞之例也。

魏赵辅和为人筮父病,得《乾》之《晋》(《乾》初、二、三、五爻变),曰:"父为游魂,能无死乎!"

《乾》之《晋》,宜变爻在四爻,与四变爻皆不相值,故以变卦《晋》占。辅和不用卦辞,然其占重在用变卦,可以具见。

前引晋公子重耳筮得"贞《屯》悔《豫》皆八"亦属此例。以宜变爻不与变爻值,而变与未变爻皆三,故司空季子并引《屯》卦与《豫》卦之卦象及卦辞占之。

《国语·周语》,晋公子黑臀自周归晋,晋欲立之,筮得《乾》之《否》(《乾》初、二、三爻变),曰:"配而不终,君三出焉!"以天地差数求之,宜变爻在三爻,为变爻,应以《乾》九三及《否》六三爻辞合占(因变爻与未变爻相等也)。《乾》九三:"君子终日乾乾,夕惕若,厉,无咎。"《否》六三:"包羞"。《象》曰:"包羞,不当位也。"故有君出之象。《国语》引略而未言筮辞。

(4) 如上例,有多变爻者,倘变得归魂,筮法特异,亦不复求其宜变之爻。其占也,视变爻多寡,或用本卦卦辞占,或用变卦卦辞占,或兼用二卦,终不用变爻爻辞也。(唯仅一变爻者非此例,仍用本卦变爻爻辞。)

前引董因之筮,遇《泰》之八,用《泰》卦卦辞占。穆姜筮遇《艮》之八,占史明言即《艮》之《随》,因变爻多,故用《随》卦卦辞占。皆此类之例也。

复可引一旁证:顾士群筮母病,得《归妹》之《随》(《归妹》二、五爻变),郭景纯谓其秋必亡。案此筮盖因变出归魂,故用本卦占。倘论变爻,宜变之爻在二,与《归妹》九二值,其辞曰:"眇能视,利幽人之贞。"亦不见凶。正唯用《归妹》,《杂卦》曰:"归妹,女之终也。"阴终坤癸,故景纯云云。

变得归魂而仅一爻变者,则如南蒯之占。《左传》昭十二年,南蒯将叛,筮遇《坤》之《比》(《坤》五爻变),《坤》六五爻辞:"黄裳,元吉。"以为大吉,以示子服惠伯。惠伯以为不吉。其用《坤》六五爻占,例可见也。

(5) 筮得六爻变者,经传乏例可引。今仍从朱子,《乾》《坤》占二用,余卦占变卦。

宋筮金主亮入寇,得《蛊》之《随》(《蛊》六爻皆变),筮曰:"我有震威,外当毁折。艮上变柔,巽初变刚,彼头坠地矣。"盖以《随》之卦象为主占。〔随(䷐),外卦为兑,故曰毁折;内卦为震,故曰震威。初阳爻由巽阴爻变出,上阴爻为艮阳爻变出,故曰艮上变柔,巽初变刚。〕此例或可作六爻皆变之筮例,然亦可归入上类,盖其变卦亦归魂也。

虽然,"偻句成欺,黄裳亦误",筮之验不验,谁何敢必? 要之,筮用卦爻辞,亦不过筮法之一端耳。按诸古筮事,占史断卦多以卦象为主,盖卦象意深,筮辞义浅。甚且有以卦名为占,互体为断,则其参差错综之处,固难以划一。则本文云云,未免好事之讥。然目的所在,亦仅欲明古占史征引筮辞之例则耳。今日去古已远,欲尽明筮法,岂易事哉。

初刊于1970年中国台湾《易学》二周年纪念特刊

附录:悼念冯公夏老师

在温哥华,冯公夏老师是我最敬重的一位老师。我尊称冯老师为师,不是由于曾受业于他的门下,也并非曾在他所管辖的教育机构接受教育,而正由于冯老师的学养与处事做人的态度,堪作世人的表率楷范,堪作众人的老师,也堪作我的老师。韩退之说:"师者,所以传道、授业、解惑也。"

佛说"诸行无常",十二缘起说"以生为缘而有老死",所以大觉慈尊也不能不在阿利罗跋提河之滨、婆罗双树之间,不肯顺应诸弟子住世之请,而终要示现般涅槃之相。如今年近百龄高寿的冯公夏老师,也不肯顺应我辈志怯无闻者的心愿,而终要示现舍报往生之相。今日温哥华市咸美顿的灵堂之上,吊唁者四方云集,对这位佛教师表,表达出最深切的哀悼,致以最崇高的礼敬。儒者所谓"爱人者,人恒爱之;敬人者,人恒敬之",今天在冯老师的灵柩之前,获得了圆满无缺的体现。

我从冯公夏老师任编辑委员的《佛家经论导读丛书》之简介中,得悉老师是中国广东人,出生于1903年,少从何恭弟老师修习国学,从欧大典老师精研易学,所以对中国文学极为心醉,对《周易》更有彻悟体证。在香港时,常与《周易义疏》的作者韦达哲士往还,研究易卜的精深义理(按:韦达哲士与我的老师罗时宪教授共创香港佛教法相学会,又撰《英译成唯识论》,此书是现今世上《成唯识论》英译的唯一全译本,北美大学开唯识哲学课者,多以韦氏此书为教本,其重要可知)。

1973年,冯公夏老师皈依密宗上师荣增堪布,从此修习佛家密法,由此得见老师的佛学进路,非独以佛家经论学术理论为依据,并以修行实践的躬身体验为实证,务使解行相资,理论与实践互相印证,如是体用兼赅,事理统一,深得学佛与佛理研究旨趣。1956年往尼泊尔参加佛教大会,顺道游览印度佛陀遗留圣迹,又访问瑜伽大师施化难陀,返港后,组织瑜伽学会,传授瑜伽术,饶益后学。时瑜伽修习,蔚然成风,罗秋、张和诸瑜伽师得其风气,纷纷设馆授徒,及1971年,我亦受其影响,也曾在西青会修习瑜伽,可惜那时老师已移居温市,结果缘悭一面,未能执弟子礼,唯叹福德资粮浅薄而已。1973年老师拜访印度军荼利瑜伽大师比奇理士那,亲聆世上第一大师有关拙火修练的难得经验,叹为观止。

又从《冯公夏老师讣告》中,得知老师在1960年代来加拿大定居,并于1968年与温哥华热心佛教的大德合作,创立世界佛教会于温市,是当时规模最大的佛教弘法道场,成为当地佛教的精神标志;迄殿堂扩建落成,业师罗时宪教授特撰楹联相赠,今高挂着的楹联是这样书写着的:"无相乃大庄严,看七宝楼台,万亿金身,宁非幻化;有情来熏净种,历三祇智习,十王大业,定得转依。"同心之言,自是万里之外亦所相应。从此老师讲经演教不绝,于是群贤毕至,少长咸集,根器虽说万殊,其解悟或受益殆无二致。如是于兹三十二年,或身教,或言教,始终如一,未尝中断;此间佛学研习的风气,全仗老师的开启,始有今天灿然可观的成就。

加拿大的可爱处固有多端,而对多元文化的鼓励与弘扬最得学人的赞誉;冯公夏老师的可敬处,其学问修养与道德文章自不待言,最堪称道者厥为其对多元文化推动的识见与锲而不舍的精神。在老师所策划与执掌的世界佛教会的学术活动中,固然以星期经会阐释三乘教理教诫为核心内容,但于周日晚上,亦兼设多元化的文化讲座,或亲自授课,或邀请各专家学者,分析介绍儒、释、道的思想精粹,其他如中国传统的经、史、子、集,以及诗、词、歌、赋,甚至《周易》的筮法及以后的占卜文化,也曾以学术讲座的形式,向有志研究的学人,给以无私的传授,其胸襟怀抱有如是者。不解的人尝有微词,以为混淆家法,宣说异学,佛弟子所不当为,殊不知大菩萨的修法,不以佛法自限,故龙树菩萨造《菩提资粮论》,第七十九颂有云:"诸论及工巧,明术种种业,利益世间故,出生建立之。"故大乘菩萨求法,当于一切五明处求,非局限于佛家经教而已。《论语》有云:"人不知而不愠,不亦君子乎!"小知不及大知,小年不及大年,老师发扬东方文化于异域的良苦用心,殆天地可表,故孔子也有"知我者其唯天乎"的慨叹!

又冯公夏老师虽是经纶满腹,却深切体会到文化乃天地间的公物,非属一己之私,故能扶掖后进,知无不言,言无不尽。又能礼待天下学人,是故五湖四海各大洲的大德法师与专家学者,凡对佛弟子有所晋益者过境,老师多能恭请来温哥华世界佛教会开示演讲,使学佛者都能共沾法益,开拓思想境界,而老师此种礼贤下士的襟怀,正如万里长空,无不容摄,近代世间,诚不多见。

我第一次能够亲炙冯公夏老师,只不过是十年前的事。那时冯老师适经香港,应业师罗时宪教授的邀请,在香港佛教法相学会举行学术讲座。那次演讲,冯老师运用了现代西方的灵魂学与电子科技的知识,以会通与诠释佛家心识活动的理论,使与会者都能清楚看到传统佛学与现代科技接轨的实况。按此时的冯老师已是伦敦灵魂学会的成员,可见老师学贯中西,与时偕行,充分显发出大乘菩萨的精进精神。

1993年冬,罗时宪教授的最后著作《八千颂般若经论对读》刚脱稿,他便辞世往生。1994年,我与内子来温哥华定居,承罗师母的嘱咐,把业师的最后遗作一套,呈赠冯公夏老师。这时初登世界佛教会的殿堂,眼见灯火与信众之盛,同时用斋者几及千人,深叹老师事业之大、影响之深、信誉之隆,此间可谓一时无两。1995年,我应福慧寺宝峰法师与林瑞沛居士的邀请,讲"净土理论的建立"。开讲之日,冯老师不惜纡尊降贵,竟作座上听众,并勖勉有加,同时对宝峰法师与林居士的主办功德,赞叹再三。《秦誓》有言:"人之有技,若己有之;人之彦圣,其心好之。"今冯老师大菩萨的慈悲表现,恰恰以其身教把"摄化"与"饶益"有情的意义,作出了最有效的现代诠释。

从1995年开始,在冯公夏老师热诚邀请之下,我每年都到世界佛教会作一次连贯性的佛学讲座;每一讲座,因其性质不同,有短有长,有数会的,也有十数会的,老师每会例必亲临,鼓励赞勉,给我强力的精神支持。迄今已有五个寒暑,老师的奖掖未尝间断。去年老师病后,体力日非;我造府谒候,老师亲执我手,希冀有空多来世界佛教会讲演大乘教义。于是在老师嘱咐护念之下,我相继主持了"禅诗赏析""心经译解"及"唯识种子学说"三个讲座,然后返港度岁。当我今年三月返加,老师早已卧病多时,可是不舍众生的悲情始终如一,我为老师那种饶益有情的伟人精神所感召,遂于上月开讲安慧菩萨的《大乘广五蕴论》。这时老师已不能亲临讲堂,再给我指正,再给我策励,而终于舍报往生。生命无常,自此天人永诀,感今怀旧,不禁涕泪纵横。

诸菩萨摩诃萨的色身不能久住世间,但他们的圆善教法却长留世间,光照万有。冯公夏老师的四大,虽亦复归尘土,可是老师平生学力,融贯中西,通摄梵华,堪称典范;何况老师治学,务求实证,摒除臆测,故能突破科学与玄学的隔阂,缩减理论与实践的差距,终能体会到天人合一、色空不异,此等为学的态度,更是后学的楷模。老师平易近人,如炎夏的清风,如寒冬的暖煦,此种"生而弗有,为而弗恃,功成而弗居"的风范,亦当可以恒常映照于天地,流注于人间。

后学李润生敬撰于温哥华林涧山斋
2000年5月4日

图书在版编目(CIP)数据

周易卜筮研究/(加)冯公夏著述：王亭之补订. —上海：复旦大学出版社，2023.7
(2024.11 重印)
ISBN 978-7-309-16543-2

Ⅰ.①周… Ⅱ.①冯…②王… Ⅲ.①《周易》-占卜-研究 Ⅳ.①B221.5②B992.2

中国版本图书馆 CIP 数据核字(2022)第 199258 号

周易卜筮研究
[加]冯公夏 著述 王亭之 补订
责任编辑/陈 军
复旦大学出版社有限公司出版发行
上海市国权路 579 号 邮编：200433
网址：fupnet@fudanpress.com http://www.fudanpress.com
门市零售：86-21-65102580 团体订购：86-21-65104505
出版部电话：86-21-65642845
上海崇明裕安印刷厂

开本 890 毫米×1240 毫米 1/32 印张 5.125 字数 138 千字
2023 年 7 月第 1 版
2024 年 11 月第 1 版第 3 次印刷

ISBN 978-7-309-16543-2/B・766
定价：25.00 元

如有印装质量问题，请向复旦大学出版社有限公司出版部调换。
版权所有 侵权必究